新・高野百景

画　藤原重夫
著　山口文章

四季折々の高野山の風景を歩く

案内図

奥の院
弘法大師御廟
楊柳山
摩尼山
転軸山
納骨堂
燈籠堂
一切経蔵
石田三成生母
仙陵
玉川
姑射山
御廟橋
水向地蔵
みろく石
豊臣家
織田信長
御供所
高野山中の橋霊園墓地
一番石
越前家霊廟
秀忠夫人
芭蕉句碑
其角句碑
浅野内匠頭
前田家
英霊殿
虚子句碑
姿見の井戸
汗かき地蔵
上杉謙信
親鸞上人墓
密厳堂
与謝野晶子句碑
中の橋
中の橋案内所
曽我兄弟
法然上人
明智光秀
石田三成
島津家
伊達家
武田信玄
商工会館
中の橋駐車場
至立里荒神
立里荒神
一の橋
清浄心院
赤松院
地蔵院
遍照光院
三宝院
成福院
宝善院
至護摩壇山・竜神
持明院
北室院
苅萱堂
東光院
熊谷寺
密厳院
明王院
光明院
美福門院陵
上池院
不動院
公民館
真別所円通寺
虎ケ峰
くどやま

高野山参詣

紀の川
丹生都比売神社
かつらぎ
二ツ鳥居
高野駅
南海高野線
かみこさわ
しもこさわ
慈尊院
町石
花坂
ケーブルカー
ごくらくばし
女人堂
徳川家霊台
鉢伏山
弁天岳
お竹地蔵
蓮華定院
西室院
巴陵院
南院
波切不動
光台院
竜泉院
高野山病院
高野山高校
宝城院
正智院
西禅院
明王院
瑜祇塔
金輪塔
福智院
町役場
宝寿院
専修学院
竜光院
親王院
総持院
金剛峯寺
総本山
本覚院
無量光院
一乗院
普門院
普賢院
蓮花院
(案内所)観光協会
西塔
孔雀堂
准胝堂
御影堂
大塔
御社
六時鐘
金堂
三鈷松
山王院
六角経堂
大門
弁天
不動堂
じゃばら道
竜王池
勧学院
大師教会
増福院
常喜院
郵便局
桜池院
遍照尊院
霊宝館
西南院
報恩院
宝亀院
大門案内所
至竜神・花園村
高野山道路 至橋本・かつらぎ
お助け地蔵
幼稚園
浄菩提院
天徳院
成就院
高野山大学
小学校
図書館
安養院
金剛三昧院
多宝塔
薬師院山
遍照ヶ岳
宝珠ヶ峰

新・高野百景

目次

高野山参詣案内図 2

第一話
大門《だいもん》
江戸時代に建立された高野山の総門
夕陽百選にも選ばれた重要文化財
8

第二話
お助け地蔵《おたすけじぞう》
大門近くにあって、多くの人々の信仰を
あつめるご利益あらたかなお地蔵さま
12

第三話
祓川弁財天《はらいがわべんざいてん》
高野山七弁天のうち、
最も古い歴史を誇る弁財天
16

第四話
西院谷《さいいんだに》
高野山の入口にあたる地区であり、
大門、大伽藍などの主要な堂塔が位置する
20

第五話
御社《みやしろ》
大伽藍の西端にあり、高野山の地主神で
ある高野明神を祭祀する明神社
24

第六話
山王院《さんのういん》
真言密教の学問修行に関する法会が
行われる御社の拝殿
28

第七話
御影堂《みえどう》
弘法大師の持仏堂と伝えられ、奥の院とならぶ高野山二大聖域のひとつ
32

第八話
登天の松と杓子の芝《とうてんのまつとしゃくしのしば》
悟りを開いて天上に昇られた如法上人伝説を今に伝える霊木
36

第九話
金堂《こんどう》
高野山での恒例法会の多くが行われる一山の総本堂
40

第一〇話
不動堂《ふどうどう》
高野山内最古級の堂宇であり、多くの謎とロマンを秘めた国宝建造物
44

第一一話
三昧堂と西行桜《さんまいどうとさいぎょうざくら》
高野聖であり、歌僧であった西行法師が修法された堂宇
48

第一二話
蛇腹道《じゃばらみち》
毒蛇と竹ボウキの伝説を今に伝える大伽藍東端にある参道
52

第一三話
遍照ヶ岳《へんじょうがだけ》
大伽藍南側に位置し、女人禁制の時代に多くの女性が遙拝した小高い丘
56

第一四話
霊宝館《れいほうかん》
高野山が有する数多くの文化財を保存管理し、展示公開する博物館施設
60

第一五話
専修学院《せんしゅうがくいん》
四度加行という修行を通して真言密教の教義や作法を修得する学院
64

第一六話
高野山高校《こうやさんこうこう》
高野山真言宗が運営する全国でも最古級の私立高校
68

第一七話
瑜祇塔《ゆぎとう》
密教のシンボルである様々な多宝塔の原型とされる特徴的な塔
72

第一八話
総持院《そうじいん》 登竜の藤《とうりゅうのふじ》
小松宮彰仁親王が御命名された白藤で、高野山に現存する銘木中の銘木
76

第一九話
六時の鐘《ろくじのかね》
現在も時の鐘として偶数時の時を告げる、大塔の鐘とならぶ銘鐘
80

第二〇話
真然大徳廟《しんぜんだいとくびょう》
弘法大師の後、高野山の座主をつとめ、祖山を隆盛に導いた親然大徳の廟堂
84

第二一話
高野山駅《こうやさんえき》
大自然に包まれた、南海電鉄ケーブルカーの高野山上駅
88

第二二話
女人堂《にょにんどう》
女人禁制の時代に建立された、女性の参籠所七つのうち、現存する唯一の堂宇
92

第二三話
五の室谷《ごのむろだに》
巨大な老杉がその歴史を語る、高野七口のひとつ不動坂口に続く地区
96

第二四話
高野幹部交番《こうやかんぶこうばん》
登録文化財として認定された、世界遺産高野山にふさわしい交番
100

第二五話
光の滝《こうのたき》
町はずれにありながら知る人ぞ知る高野山随一の紅葉の名所
104

第二六話
苅萱堂《かるかやどう》
浄瑠璃や謡曲で八百年もの間、語り伝えられてきた石童丸物語の舞台
108

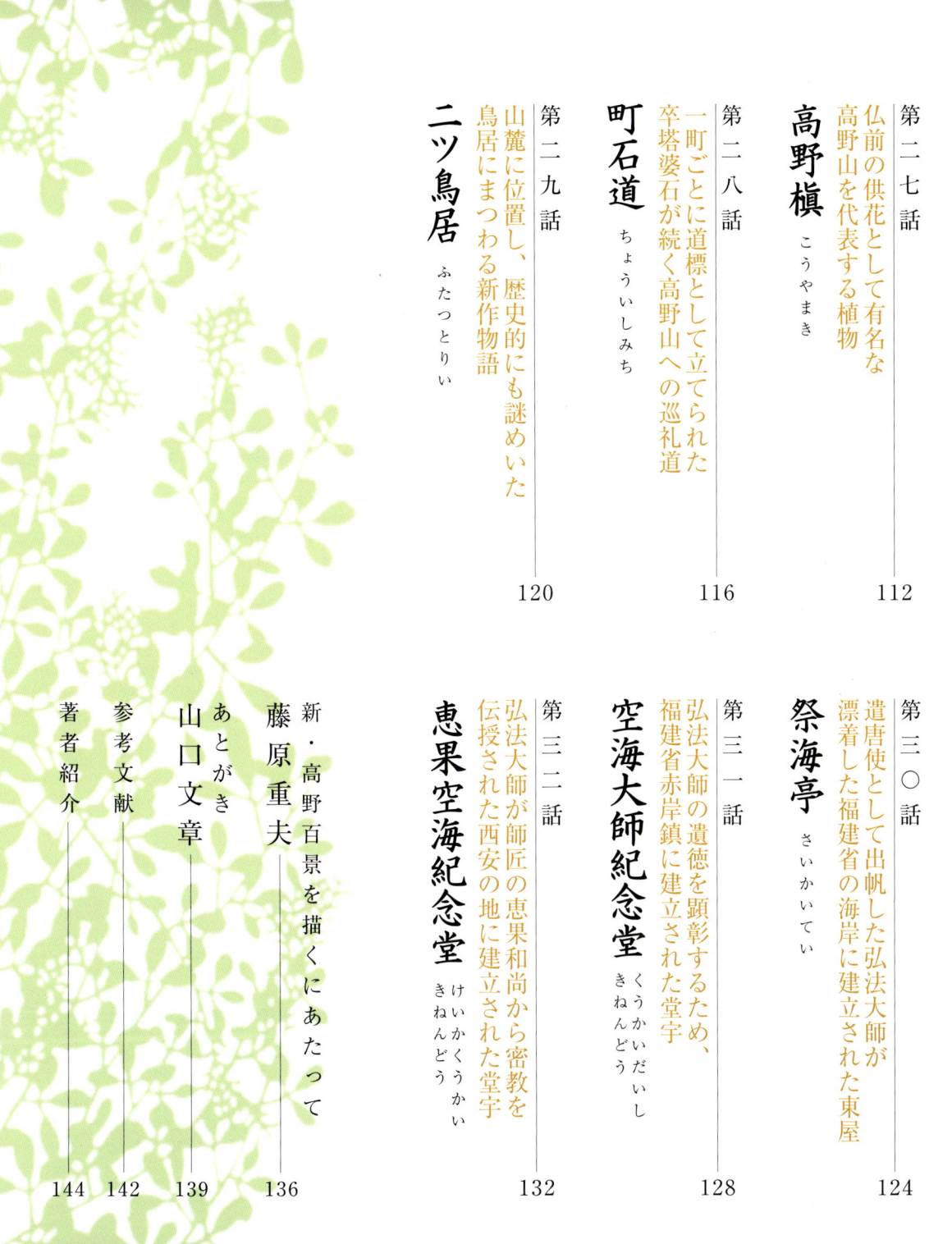

大門《だいもん》

高野山の町並みの西端に、夕日に映える国の重要文化財大門があります。

大門は高野山の総門として七里結界※1のシンボル的な存在であり、近年増えてきた車による参拝者が最初に眼にする堂宇《どうう》です。

現在の建物は宝永二（一七〇五）年に建造されたもので、桁行※2二一・四メートル、高さ二五・一メートルを有す堂々とした構えで三百年近くの永きにわたって数多《あまた》の参拝者を温かくお迎えしてきました。

両脇に配置された金剛力士像は江戸時代の名工である仏師康意※3（阿形像※4）、法橋運長※3（吽形像※4）による大作であり、その憤怒《ふんぬ》の形相は通るものに祖山《そざん》の威厳を感じさせるに十分な風格が滲《にじ》み出ています。

主柱に掛けられた対聯※5には右側に「日々出でて影向《ようごう》を闕《かか》さずして」、左側に「処々の遺跡《ゆいせき》を検知す」と記されています。この名文は覚鑁上人※6（一〇九五〜一一四三）の「弘法大師講式」にみられるもので、弘法大師は高野山奥の院の御廟《ごびょう》に入定《にゅうじょう》されておられますが、毎日この場所に姿を現してご縁のある各地に出向き、衆生《しゅじょう》の救済に力を注がれているという意味であり、大師信仰の原点である「同行二人」※7の信仰がここにあります。

※1 七里結界《しちりけっかい》
嵯峨天皇から高野山を下賜《かし》された後、根本道場を建立するにあたり、魔を祓《はら》うため弘法大師が行った七里四方の大結界

※2 桁行《けたゆき》
建物の棟方向の長さ

※3 康意《こうい》・法橋運長《ほうきょううんちょう》
ともに日本を代表する仏師運慶の流れを汲む京都の仏師、法橋とは僧侶の階級のひとつであり、優れた仏師や絵師にこれらの階級を贈る伝統があった

※4 阿形像《あぎょうぞう》・吽形像《うんぎょうぞう》
仁王とも呼ばれる金剛力士は仏教の守護神である天部《てんぶ》（弁財天、毘沙門天など「天」がつく諸尊の総称）の一種であり、開口した阿形像と閉口した吽形像の

大門の境内は四季を通じて幻想的な夕日を望める絶好の場所です。ほんの数分のうちに視界全体を豪快に真紅に染め、数秒ごとに違った色と影を映し出した後に漆黒《しっこく》の闇で幕を下ろすその演出は、見るものに感動と愛慕の念を与えてなお余りあるものです。千年の昔よりこの場所で絶妙な夕日を眼にした多くの人々の胸にも様々な情景が胸に浮かんできたに違いありません。

女人禁制の時代に年端《としは》もいかぬ幼い修行僧がこの場所で思いを馳せたのは、夕日の彼方で自分のことを思ってくれている優しい母の笑顔であったかもしれないし、大きくて力強い父の手の温もりであったかもしれません。白い頬を流れる涙は合掌する小さな手に落ち、寂しさと厳しさで凍り付いた心を少しずつ溶かしていきます。たち現れては消えていく肉親の姿は小さな胸に愛慕の念をあふれさせたのではないでしょうか。

一対として造像されるのが一般的である

※5 対聯《ついれん》
主に門などの柱に掛けられた、吉祥の対句が記された一対の木板のことで、運気を招くとされる中国の風習に由来する

※6 覚鑁上人《かくばんしょうにん》
興教大師《こうぎょうだいし》と呼ばれる高野山中興の祖のひとり、仁和寺《にんなじ》で密教を学び、金剛峯寺座主《こんごうぶじざす》となるが、学侶方《がくりょがた》（真言教学を司る学僧集団）と対立し、根来寺《ねごろじ》に移って新義真言宗を確立した

※7 同行二人《どうぎょうににん》
苦しいときも、楽しいときも、弘法大師は常に衆生と一体であるという大師信仰を端的にあらわした言葉

小さな丸刈りの影が細長く伸び、周りの闇に溶け込む頃には愛慕の念は感謝の祈りに変わっていったのではなどと、とりとめもないことを想像しながら、同じく僧籍に身を置くものとして激しい共感とさらなる精進の決意が胸にこみ上げてくるのです。

日の出に対峙《たいじ》してそれぞれの願いを胸に至心《ししん》に祈る姿は心洗われるものですが、感謝の念を胸に夕日に手を合わすことで得られる気持ちは何ものにも代えがたいものです。

高野山
大門

お助《たす》け地蔵《じぞう》

高野山の西の端、大門にほど近いところにやわらかな日だまりにすっぽりと包まれたお地蔵さまがいらっしゃいます。このお地蔵さまは「お助け地蔵」または「助けの地蔵」と呼ばれ、全国から広く信仰をあつめています。

地蔵堂境内は高野七口※1のひとつ「龍神口※2」付近に位置し、古くは女人堂※3が建立され、高野参りの重要な拠点として多くの参拝者をお迎えしてきました。境内は常に隅々まで行き届いた清掃が施され、一日中絶え間なく訪れる参拝者が笑顔で掃除する姿が容易に想像できるのです。

「お助け地蔵」は高野山の古絵図には記載されておらず、比較的新しい信仰対象かと思われますが、その成立については明らかにされていません。ここにお助け地蔵さまにまつわる言い伝えがあります。

その昔、高野山に住まいするおじいさんが熊野の辻を歩いていると助けを求める声が聞こえてきました。声をたよりに探してみると、なんと道際の小さな谷にお地蔵さまが落ち込んでおられました。あわてて道まで引き上げて安置しましたが、なにぶん人通りの少ない田舎道、あまりにお地蔵

※1 高野七口《こうやななくち》
大門口、不動坂口、黒《くろ》河《こ》口、大峰口、大滝口、相の浦口、龍神口の名前で古くから知られている、高野山に入山するための代表的な七つの入口

※2 龍神口
高野七口のうち、龍神道と呼ばれる参詣道から高野山に入山する入口のことで、大門の少し南に位置する

※3 女人堂《にょにんどう》
女人禁制の時代に入山を禁じられた女性の遥《よう》拝所《はいじょ》として高野七口すべてに設置されていた堂宇

さまが寂しそうだったので、お地蔵さまを抱えて高野山まで連れて帰られました。その後、高野山の龍神口近くに小祠《しょうし》をととのえ、毎日至心に供養を続けたところ、人々の願いをひとつずつ叶えてくださるようになったということです。

そのご利益があまりに有り難いため、お願い事は一生に一度だけお聞きくださるとか、お礼参りには丸いものをお供えするとよいなどの言い伝えが篤い信仰につながっています。ご利益にあずかった多くの人々は雨の日にも雪の日にもお地蔵さまにお参りし、お茶を供え、参道の落ち葉を掃除する日々を続けているのです。

お助け地蔵境内は四季を通して紀淡海峡や淡路島、四国が眺望できる絶好の場所といえます。とりわけ境内から眺める夕日は絶景で、日本の夕陽※4

※4夕陽百選
天然の観光資源である夕陽を観光地の活性化に生かすため、日本の夕陽百選選考委員会により選出された名勝

百選にもえらばれました。

祖山の夕日は、山々の木々を燃えるような赤に染めた後、夜のとばりのカーテンを静かに降ろしながら、見る者の心に一日の感謝と明日への祈りをもたらしてくれます。その幽玄な風景からは「お助け地蔵」にお参りする人々の信仰心にも似たやさしさと温かさ、そして清潔さを感じずにはいられません。

今日もお助け地蔵は遙か彼方の夕日を眺めながら、多くの人々の幸福を祈り続けています。

お助け地蔵

祓川弁財天《はらいがわべんざいてん》

大門の近くに子供たちの歓声が青空に映える公園があります。公園内の池には朱塗りの欄干が鮮やかな太鼓橋が架けられ、その正面の高台に祓川弁財天が祀られています。

祓川弁財天は弘法大師が勧請※1されたと伝えられ、その名は開創時に大師が高野山一円の魔性をお祓《はら》いされたことに由来しています。七福神の中で紅一点の弁財天は弁舌や芸能の女神として琵琶を奏でる姿がよく知られていますが、弁財天の故郷インドでは水の神様サラスヴァティの名で崇められ、すでに消滅した聖なる川の名前に由来しています。そのため、高野山には古くから山上の水源となる七カ所に弁財天社が祀られ、「高野山の七弁天」として篤い信仰を集めています。

高野山は標高が高いにもかかわらず、雨の極端に少ない酷暑の夏でも渇水状態が続くことはありません。それは高野山を取り囲む八葉の峯々に生育する荘厳な森林が抜群の保水力を有しているだけでなく、高野山の七弁天のご加護により、一年を通して名水といわれる山水やわき水が豊富に湛えられているのであり、その感謝の想いが篤い信仰につながっています。

※1 勧請《かんじょう》
宗教的な作法により神仏の来臨《らいりん》や神託を願うこと

弘法大師は高野山の恵まれた自然を「山の状《かたち》、東西は龍の臥せるがごとくして東流《とうりゅう》の水有り、南北は虎の踞《うずくま》れるがごとくして棲息するに興《きょう》有り」とおっしゃいました。

東流の水というのは高野山を西から東に流れる御殿川《おどがわ》のことで、古くから御殿川とその支流を中心として街並みが発展してきました。そのため、今でも高野山内の地区は谷の名前がつけられています。

西の端に位置する西院谷《さいいんだに》、伽藍の南側にあたる南谷、弘法大師の住坊である※2中院御坊を含む本中院谷《ほんちゅういんだに》、寺院の名前のついた千手院谷や一心院谷、そのほか五《ご》の室谷《むろだに》、蓮花谷、小田原谷など、古《いにしえ》の昔からいかに聖なる水が流れる谷と生活が密接な関係であったかを知ることができます。

太陽の動きで時間を知り、咲く花を見て季節を知った太古の昔、人間社会は大自然と完全に共生していました。いや、共生というよりはすべての動物と同様に自然環境に間借りしていたと表現した方が的確かもしれません。

風や大地の声を聞き、川や谷の地形を変えることなく住まいを構え、手作りの衣類は一生の財産でした。

※2 中院御坊《ちゅういんごぼう》
現在の龍光院

衣食住に自然の恵みの恩恵を十分に得て感謝の気持ちを忘れることはありませんでした。そんな環境のなかで人々は協力し、助け合いながら強い心の絆で結ばれていたのです。不便な生活かもしれませんが現在では経験できない幸福感も味わっていたのではないでしょうか。

いつの頃からか自然環境に対して影響を与えるようになってしまった人間社会は今、自然社会との関係修復に力を注いでいます。

いつの日か、忘れられてしまった谷や川の名前が再認識され、人々の心にも清らかな水が流れ、季節の花が咲き乱れるようになれば、昔のように風や大地のやさしい声が聞こえてくるかもしれません。

西院谷
祓川弁財天

西院谷《さいいんだに》

大門から東に続く総本山金剛峯寺周辺までの町並みは西院谷と呼ばれています。

古くは大門から檀上伽藍《だんじょうがらん》に至るまでを西院谷、その東側を南谷と称して区別していました。寛政年間の高野山の地図を見ると、西院谷と南谷には合わせて百五十の寺院が記されていますが現在は十一の寺院を数えるのみとなっています。

三百年という長い徳川幕府の保護から解放され、明治維新の改革により境内地を除く広大な土地の返還を余儀なくされた高野山は、この動乱の時代に数百を数える寺院の消滅という試練を体験しています。古地図の上にのみ、その名をとどめる多くの寺院にも数百年の歴史と人のつながりがありました。古地図に向かい数百年前に思いを馳せると、淡くはかない想いが胸をチクリとさすような気がします。

西院谷は私が生まれ育った谷であり、数々の思い出がいっぱいに詰まった宝箱のような存在といえます。宝箱のなかの思い出といっても木登りに適したモミジの老木であったり、缶けりの時に隠れるおきまりの物置であったり、雨上がりに無数の水たまりが現れる地道の路地であったり、秘密基地を作った裏山であったり、アリ地獄がたくさんある縁側であったりと、どれをとっても「なんだそんなものか」と思われるような他愛のないささやかなものばかりです。でもそれぞれの思い出には兄弟や友人ばかりでなく、隣人やその家族に至るまで無数の人々の顔や声が必ず浮かんできます。そしてその人たちと一緒に味わった喜怒哀楽の思い出が、香りや音とともに強烈に脳裏に焼き付いているのです。

そんな思い出の宝箱も時代とともに姿を変えつつあります。寿命を全《まっと》うしたモミジの老木は切り株だけになり、路地はすべて舗装され水たまりはなくなりました。裏山は造成され住宅地となり、縁側のついた家はみなくなりました。近代化の中で環境が変わっていくことは自然の流れかもしれませんが、路地や広場で遊ぶ子供たちの姿がみられなくなったことが残念でなりません。

テレビゲームの普及や学習塾通いによる遊び時間の減少など、野外で友達と遊ぶ機会が少なくなった原因はたくさん考えられますが、子供たちの思い出の宝箱が色あせたものになってしまうような気がしてなりません。

ブラウン管の中で少年期の遊びの時間を過ごし、人とのふれあいを十分体験していないことが激増する青少年犯罪の一因であるともいわれますが、大人といわれる私たちが反省すべき点は数え切れません。

大学入試を重視した学歴偏重社会は、情操教育や人とのふれあいに本来の価値を認めない傾向にありましたし、大量生産を基本とした物質社会は物に心をそえることを難しくしてきました。時間に追われる実利的な環境はすべてのものを損得だけで判断する方向に進み、善悪や真実を見極めることがあとまわしにされることも珍しいことではなくなりました。そんな現代社会のなかで子供たちはとまどい、自分の未来に希望の光を見いだせない迷いの淵に立たされているのかもしれません。

何の変哲もないありふれた遊びや他愛のない人とのふれあいが、どんなにかけがえのない大切なものであったかを思い知らされる時が訪れようとしています。

私たちは無くしてしまったものが何であるかを再認識し、あらためて心をそえていく努力を要求されています。思い出の宝箱が色あせた古地図になってしまう前に、子供たちの心が闇に閉ざされてしまう前に。

西院谷附近

御社《みやしろ》

平成十六年九月十九日深夜、大伽藍壇上は息が詰まるような神々しさに包まれました。二百名を超える白覆面に白手袋の僧侶と氏子は、御社の御神体が納められた玉殿※1をはじめ、多くの神器※2を手に御影堂《みえどう》から御社へと沈黙の長い列を進めたのでした。

それは、弘法大師を高野山に導いた地主神高野明神※3に対する絶大なる信仰と畏敬の念が凝縮された厳粛にして敬虔《けいけん》な厳儀《ごんぎ》でありました。

重要文化財に指定されている大伽藍御社は、大伽藍境内の西端、御社山と呼ばれる小高い場所に位置しています。本殿は高野山開創の三年後である弘仁十（八一九）年五月三日、山麓の天野丹生都比売神社《あまのにうつひめじんじゃ》より勧請されたと伝えられており、大伽藍諸堂のなかでも最古の歴史を誇る社殿といえます。

御社は三棟の社殿から構成されており、向かって右から一宮《いちのみや》、二宮《にのみや》、総社《そうじゃ》と呼ばれる本殿には、それぞれ丹生明神※4、高野明神、十二王子百二十番神※5が厳格に祭祀《さいし》されています。現在の社殿は大永二（一五二二）年に再建されたもので、一宮、二宮は一間社春日造※6、総社は三間社流見世棚造※7と呼

※1 玉殿《ぎょくでん》　社殿の中に安置し、御神体を収めるための建物状の厨子《ずし》

※2 神器《しんき》　神事の際に一時的に神が宿る依代《よりしろ》のことで、鏡や勾玉《まがたま》および剣などが一般的

※3 高野明神　丹生都比売大神《にうつひめのおおかみ》の御子で高野山の氏神、狩人のお姿から狩場明神《かりばみょうじん》の名がある

※4 丹生明神《にうみょうじん》　天照大神《あまてらすおおみかみ》の妹神、丹生都比売神社の主神であり、丹生都比売大神の名で知られる

※5 十二王子百二十番神《じゅうにおうじひゃくにじゅうばんじん》　十二王子とは子供の姿であらわれる十二の神を指し、百二十番神とは四方を三十神が擁護し、それぞれの三十神が毎日交代で一ヶ月を

ばれる神社建築の代表的な様式を呈しており、厚い檜皮※8で葺《ふ》かれた切妻屋根が御社の高い格式をよくあらわしています。

一宮内陣には、豊臣秀吉の信任を得て祖山を戦火より護った中興の祖、※9木食応其上人が発願して御社の屋根替えを行った証である真鍮製の棟札があります。「為寺中安全佛法興隆也、御社上葺彩色本願應其、天正十一（一五八三）年癸未六月二十六日敬白」と刻まれた棟札は、上人の篤い信仰と信念を四百年あまりを経て今に伝えています。

また、神器のなかには永正十二（一五一五）年の銘が刻まれ、見事な鶏頭の装飾が施された鞘に収められた太刀や鉾をはじめ、承元三（一二〇九）年の銘が記されている銅板梵字懸仏※10 P.26など、他に例をみない祖山の至宝が多く含まれています。

再建以来、約二十一年ごとに檜皮の葺き替えや彩色などの小修理を繰り返しながら、五百年近い風雪に耐えて祖山を護り続けてきた御社は、小修理であっても、工事前には社殿内に安置されている御神体を御影堂に下遷※11 P.26宮し、工事終了の後に上遷宮※12 P.26するという厳儀が欠かされることは一度もありませんでした。

昨年、二十六年ぶりに行われた御社檜皮葺き替えに際しても、古式に則り上遷宮が厳修されました。その夜、高張提灯《たかはりちょうちん》とかがり火で幻想的にライトアップされた大伽藍には御神体の通り道として薦《こも》が長々と敷かれ、榊と

つとめるという信仰にもとづいたもの

※6 一間社春日造《いっけんしゃかすがづくり》
春日神社に代表される神社本殿の建築様式のひとつで、切妻が正面を向く一般的な様式

※7 三間社流見世棚造《さんげんしゃながれみせだなづくり》
三室を有し、切妻が左右方向を向き、棟面が正面を向く様式であり、見世棚と呼ばれる縁が施されている様式

※8 檜皮《ひわだ》
屋根を葺くためのヒノキの幹の皮

※9 木食応其上人《もくじきおうごしょうにん》
安土桃山時代の高僧で高野山中興の祖のひとり、豊臣秀吉が高野山攻略のため粉河《こかわ》に陣取った際、和議に臨み高野山の赦免だけでなく、復興の確約もとりつけたことで知られる、木食とは五穀を絶って木の実だけを食して修行する苦行

御幣《ごへい》が結ばれた荒縄で結界された聖なる道を僧侶と氏子が上遷の列を整えました。

先導に続く法螺《ほら》と鉢の音が厳かに響き渡るなか、七十四種類もの配役が与えられた二百名を超える行列は、玉殿と多くの神器を手に無言の歩を進めたのでした。それは応其上人《おうごしょうにん》をはじめとする先徳《せんどく》が歩まれた道であり、篤い信仰に充ちた代々の氏子が続いた道でありました。

年があらたまった雪の朝、御神体が通られた聖なる道を辿ってみました。千年間にわたって無数の敬虔な先徳僧侶や氏子が歩みを刻まれたその道に、今後足跡を残すであろうさらに多くの人々を思うとき、あらためて祖山高野山の歴史の重みを感じるのでした。

雪の明神社

※10 P.25 銅板梵字懸仏《どうばんぼんじかけぼとけ》
円盤状の銅板に仏像をあらわす梵字を記し、神社や寺院の内陣に掛けて祭祀したもの

※11 P.25 下遷宮《げせんぐう》
神社の本殿の新築や造営および修理の際に、祭礼により御神体を仮安置所に移すこと

※12 P.25 上遷宮《じょうせんぐう》
本殿の工事が完了した後、祭礼により御神体を仮安置所から本殿に移すこと

御社

山王院《さんのういん》

旧暦五月三日の夕刻、山王院は仏さまの放たれる光明のような淡い橙色にやさしく包まれます。その背景には深海を思わせる藍色の夜空に杉木立のシルエットが影絵のように浮かび、祖山に連綿と伝わる南山学道修行※1の最高試験である竪精《りっせい》の厳儀が修されます。

山王院は地主神高野明神をお祀《まつ》りする御社の拝殿として、大伽藍の諸堂のなかでは比較的早い時期に創建されました。その名前の起源は藤原時代にさかのぼり、高野山の地主神である「山王」の拝殿を意味しています。現在の建物は天保※2の大火罹災の後、弘化二（一八四五）年二月二十八日に再建されたものです。

弘法大師は高野山御開創の後、弘仁十（八一九）年五月三日に鎮守高野明神を山麓天野の里より御社の地に勧請されました。以来、丹生・高野両明神に対する南山衆徒信仰の中心として現在に至るまで厳格に奉祀《ほうし》されてきました。竪精の厳儀が高野明神勧請の日に連綿と厳修されてきたことからも、御社と山王院が南山学道にとって重要な意義を持つことがよくわかります。

※1 南山学道修行《なんざんがくどうしゅぎょう》
南山とは高野山の別称、学道とは真言密教の教義を研鑽論談《けんさんろんだん》する学問修行、高野山では学道修行を重視する

※2 天保の大火
天保十四（一八四三）年九月一日夜、大伽藍宝蔵《だいがらんほうぞう》から出火し、甚大な被害をもたらした火災、御影堂、大塔、金堂、中門他、計十四棟が焼失した

竪精とは門者の質問に竪義[※3]が自分の意見を示し、精義[※4]がこれを批判、指導する論議形式の法会であり、前講、本講、後講の三部に分けて夜を徹して行われます。堂内にたくさん配置された手燭のろうそく明かりに浮かぶ山王院は、幻想的な伝統厳儀と呼ぶにふさわしく、深夜の壇上伽藍に響く論議の声は聞くものに南山学道の歴史を体感させるに十分な遺風に満ちて

※3 竪義《りゅうぎ》
一年間地主神明神を二人で祭祀する役があり、精義と竪義と呼ばれている、順席が高い方が精義であり、低い方が竪義

※4 精義《せいぎ》
竪義に同じ

います。

また、旧暦五月一日、二日の両日には南院波切不動※5を勧請して「夏季祈《かきいのり》」のの法会が執行されます。この法会は貞和三（一三四七）年に始まったもので祖山の安泰を願って伝えられてきました。さらに、六月十日、十一日の両日には金光明最勝王経《こんこうみょうさいしょうおうきょう》の経文を講じ、賛嘆することにより世界平和を祈る「御最勝講《みさいしょうこう》」が厳粛に営まれ、日頃の研鑽を積んだ論議と至心の祈りが地主神高野明神に捧げられます。

祖山に住寺する僧侶にとって学道修行や高野山年中行事を維持していくことは、その生命といっても過言ではありません。弘仁七（八一六）年の御開創以来、絶えることなく続けられてきた学道研鑽や恒例法会が今に脈々と生き続けているのは、弘法大師をはじめとする先徳の御遺徳であり、財施《ざいせ》により高野山を外護してきた多くの人々の浄業《じょうぎょう》に違いありませんが、いくたびもの興廃期を乗り越えても絶えることがなかったのは、忠誠心にも似た住山僧侶の大師に対する信仰と、伝統を守らなければならないという絶対的な使命感の結実にほかなりません。

今年も伽藍壇上に新緑のみずみずしさが充満する頃、山王院は仏さまの光明にやさしく包まれ、厳しくも清らかな論議の声が壇上に響き渡る旧暦五月三日を迎えます。

※5南院波切不動《なんいんなみきりふどう》
五の室谷南院の本尊で重要文化財に指定されている、弘法大師が中国から帰国の途中、嵐に遭遇した際、船の安全と帰国を祈願したと伝えられている

山王院暮色
重夫

御影堂《みえどう》

御影堂にはとにかく雪がよく似合います。

初雪の頃の軽く細かい雪が、御影堂の特徴である緩やかな傾斜の檜皮屋根の上を、かすかに風の模様を描きながら吹かれてゆくさまは上品で繊細な霊気を感じさせてくれます。修正会《しゅしょうえ》の頃には降り積もった雪の稜線がかすかに反射し、しっとりと落ち着いた優雅な雰囲気を醸し出します。また、節分の頃、真綿の布団をかけたような雪に埋もれる御影堂に向かうと耳をふさいだような静けさに包まれ、何ともいえない優しい気持ちが寒さを忘れさせてくれるのです。

御影堂は大伽藍の中心近くにあって大塔、金堂などの巨大な堂宇や老杉に囲まれているため、低く平らな印象を与える宝形造り※1の堂宇で、国宝不動堂とともに高野山を代表する美しい御堂であります。

弘法大師は在世中、御影堂に如意輪観音※2を安置し、常に念誦《ねんじゅ》されておられたので当時は念誦堂《ねんじゅどう》、持仏堂《じぶつどう》または御庵室《ごあんしつ》と呼ばれていました。大師入定後は真然大徳※3らにより、真如親王※4の御筆で大師自ら入眼《じゅがん》されたと伝えられる大師の御影《みえ》が内々陣に安置されたため、御影堂と呼ばれるようになり

※1 宝形造《ほうぎょうづくり》
中央頂上に宝珠《ほうしゅ》（古くは宝形と呼んだ）を施した四角錐状の屋根

※2 如意輪観音《にょいりんかんのん》
尊名は如意宝珠《にょいほうしゅ》と輪宝《りんぼう》を意味する、如意宝珠により功徳を施し、輪宝により人々の煩悩を打ち砕くという物心両面の功徳を与える菩薩

※3 真然大徳《しんぜんだいとく》
弘法大師の遺告により金剛峯寺座主として高野山の復興につとめた高僧

ました。この大師の御影は入定大師《にゅうじょうだいし》と呼ばれる型のもので、椅子状の座に架して右手に五鈷杵《ごこしょ》、左手に数珠を持されたお姿であり、現在の最も一般的な大師御影の起源がここにあります。

高野山内の住侶は阿闍梨位《あじゃりい》を認められると御影堂の行法を修する役を仰せつかります。この厳儀の起源は大師入定直後に官命により供僧が配置されたことに由来し、正元二（一二六〇）年からは最明寺入道北条時頼※5の宿願により三人の僧侶を置いて長日供養法※6を修した記録が残っています。それから現在まで数え切れない多くの先徳僧侶により一日も休むことなく御影堂の行法《ぎょうぼう》は連綿と続けられています。

私も山内住侶の末席として御影堂内陣で念珠を繰りながら真言を念誦するとき、千二百年前にこの場所で如意輪観音に対峙し、衆生救済の大願を胸に至心に念誦される弘法大師を感じることがあります。また、大師の思

※4真如親王《しんにょしんのう》
平城天皇の第三皇子、桓武天皇の孫にあたる、嵯峨天皇との権力争いから皇太子を廃せられ東大寺で出家、後に弘法大師に師事して密教を学んだ大師十大弟子のひとり

※5最明寺入道北条時頼《さいみょうじにゅうどうほうじょうときより》
鎌倉幕府第五代執権、北条泰時の孫で北条時氏の次男、執権権力を強化したことで知られるが、質素かつ堅実で宗教心篤い人物としてもよく知られている

※6長日供養法《ちょうじつくようほう》
期限を決めずに供養法を毎日修法し続けること

いだけでなく、大師入定後から行法を絶やさず続けてきた多くの先徳の篤い思いが堂内に充満しているようにも感じられ、その大願の強さと慈悲の深さを思うとき、自分の未熟さとさらなる精進の思いがこみ上げてくるとともに法流を継ぐことができた幸運を実感するのであります。

行法を終え、あつかましくも弘法大師のこころに少しふれることができたような有り難い錯覚を胸に上気して退堂すると、いつのまにか降り出した師走の軽い雪が御影堂の優しい傾斜の屋根をすっかり純白に塗り替えていました。

弘法大師も雪の御影堂をご覧になって、なんと雪の似合う美しい御堂かと目を細められたような気がしてなりません。御影堂は大師を最も身近に感じることができる堂宇なのかもしれません。

新・高野百景 第八話

登天《とうてん》の松《まつ》と杓子《しゃくし》の芝《しば》

高野山上には祖山の信仰や伝説に深く関わる七本の名木があり、古くから「七株《ななもと》の霊木《れいぼく》」と呼ばれ大切にされてきました。その筆頭が大伽藍御影堂前の「三鈷《さんこ》の松」であり、弘法大師が唐の国より帰国の際に真言密教相応の聖地を占うために、明州の港から投げられた八祖相承※1の三鈷杵※2が遠く飛来してこの松の枝に掛かり、光明を放って大師を導いたという高野山開創にまつわる伝説の霊木であります。

大伽藍を参拝される方は必ずこの伝説の松に歩を止めて、約千二百年前のロマンに思いを馳せながら一心に三本の葉を持つ落葉を探します。運良く手にすることができた松葉は四つ葉のクローバーのように開運厄除の御守りとして大切にする信仰が古くから伝承されています。

あまりにも有名な霊木三鈷の松とは対照的に、同じ大伽藍境内金堂の西側に位置する「登天の松」を知る人はあまりありません。実はこの登天の松も三鈷の松と同様、七株の霊木のひとつとして連綿と語り伝えられてきた伝説の名木であり、その根本に生える芝生とともに「登天の松と杓子の芝」の故事として今に伝承されています。

※1 八祖相承《はっそそうじょう》
八祖とは弘法大師が授かった真言密教の奥義を代々伝えてきた八人の継承者を意味する、相承とは法流を伝授することであり、古くから真言密教は一対一の相承を重視してきた

※2 三鈷杵《さんこしょ》
密教法具の一種で先端が三つに分かれている金剛杵《こんごうしょ》を指し、起源はインドの武器に由来する

今から約八百五十年前、明王院《みょうおういん》第三世住職如法上人《にょほうしょうにん》という高僧がおられました。上人はその名を懐誉《かいよ》といい、学徳すぐれた名僧としてその誉は広く知られていました。

久安元（一一四五）年四月十日白昼に、突如上人は悟りを得てこの松より都率天※3に昇られました。あまりの突然のことに多くの弟子達は天を仰ぎ見るだけでありましたが、上人の姿はついには雲に隠れてしまいました。ほどなく天上より降り来たって松の枝に掛かるものがあり、弟子達が怪し

※3 都率天《とそつてん》
弥勒菩薩《みろくぼさつ》の浄土、弘法大師が入定後に住地されているという信仰がある

んでこれを調べると上人の履き物であることがわかりました。

　また、如法上人の弟子のなかに小如法帰従《こにょほうきじゅう》という高弟がおり、上人が登天されたときに炊事場で齋食※4を整えておりましたが、上人登天の知らせを聞き慌てて師の跡を慕って松の木に登ると一心の篤い思いが天に通じて上人と同じく登天することを許されたのでした。

　ただ、あまりに急いだために中天に昇ってから炊事場の杓子を持ったたまま出かけてきたことに気づき、下界にこれを投げ返したところ松の根本の芝生に落ちたと伝えられています。

　この伝承にもとづきこの松の木は「如法上人登天の松」または「如法上人沓掛《くつかけ》（鞋掛《わらじかけ》）の松」、その根元の芝生は「帰従上人杓子の芝」と呼ばれ、七株の霊木のひとつとして広く信仰を集めてきました。古くから高野山宿坊寺院の参拝記念に杓子がよく用いられたのはこの故事にちなんだものとされています。

　七株の霊木を代表する「三鈷の松」とともに「登天の松と杓子の芝」の伝説は、多くの伝承とともに祖山高野山信仰の深さと篤さを今に伝えています。

※4 齋食《さいじき》
僧侶の食事を指す

第八話　登天の松と杓子芝

金堂《こんどう》

昨日まで八月だったのにカレンダーを一枚めくると急に空が高くみえました。

その紺碧の空を切り取るように大伽藍金堂は、威厳に満ちた容姿を現していました。

金堂は山内では最大の面積を有する堂宇で、高野山一山の総本堂としての役割を果たしています。新年にはその年の幸運と繁栄を願い正月三日間行われる「修正会」をはじめ、春秋の彼岸の中日を中心に三日間行われる「彼岸会」、八月七日から盆供養の法会として一週間続けられる「不断経《ふだんぎょう》」、そのほか「※1庭儀大曼荼羅供（四月十日）」、「※2土砂加持法会（九月彼岸中日）」、「※3結縁灌頂（春季五月三〜五日、秋季十月一〜三日）」など高野山恒例法会の多くが金堂で厳修されます。

現在の建物は七度目の再建として昭和七年に落慶したもので、本尊には※4高村光雲作の秘仏※5阿閦如来が奉安されています。内部の壁画は※6木村武山画伯の揮毫《きごう》によるもので美麗荘厳な内陣は創建当時の趣を漂わせています。

万延元（一八六〇）年九月再建の金堂は十四間四面、総欅造《そうけやきづくり》二層で高さ

※1 庭儀大曼荼羅供《ていぎだいまんだらく》
高野山の先徳と聖霊追《しょうりょうつい》福菩提《ふくぼだい》のために、金堂の巨大な曼荼羅を供養する法会、庭儀とは堂外での法会が付帯していることを意味する、数多い高野山年中行事のなかでも最も盛大で華やかな法会のひとつ

※2 土砂加持法会《どしゃかじほうえ》
秋の彼岸中日に行われる彼岸法会、その名称は光明真言で土砂を加持することを意味する

※3 結縁灌頂《けちえんかんじょう》
目隠しをして樒《しきみ》の花を曼荼羅に投げる作法（投《とう》花得仏《けとくぶつ》）により曼荼羅の仏さまと縁を結ぶ儀式、一般の方々が参加できる唯一の灌頂であるため、全国から一日千人もの人々が入壇する

四五・五メートルという大殿堂でありましたが昭和元（一九二六）年十二月に焼失しました。このときに創建当時からの本尊であった阿閦如来をはじめとする七体の密教彫刻初期の尊像を失ったのは、高野山だけでなく世界的な損失と言わざるをえません。今では焼失前にガラス乾板で撮影された貴重な写真から、かろうじて当時の金堂の優麗な外観と芸術的な内陣の様子をうかがい知ることができます。

金堂南側十二《じゅうに》石階《せっかい》の下壇に巨大な礎石が残されています。これは天保十四年の大火の際に金堂と共に焼失した「中門《ちゅうもん》」のものであり、礎石周辺は「中門跡」と呼ばれています。中門は大伽藍の正面玄関であり、その名は大門と大伽藍の中間の門という意味を表しています。中門は大門よりひと回り小さい一層の楼門で東の一間には持国天《じこくてん》、西の一間には多聞天《たもんてん》が安置されていました。今では壇上伽藍を描いた絵画の一部にその姿を残すのみで中門の全容を知ることはできません。

広い境内に位置する大門と違い、鬱蒼《うっそう》と茂る杉の大木に護られた中門の尊容を想うとき芥川龍之介の「羅生門」が浮かんできます。しかし、それは朱雀大路《すざくおおじ》の荒れはてた羅生門を舞台に展開する凄惨な人間絵巻としてではなく、「門」という存在のなかで暴かれてゆく自身の善悪の審判台という意味の「羅生門」であります。そんな「中門」には不思議な力があって、聖域に立ち入る者の心を審判し、大門にもまさる威厳でその心に潜む悪意

※4 **高村光雲**
江戸時代末から昭和初期にかけて活躍した日本を代表する仏師、明治維新以後は廃仏毀釈《はいぶつきしゃく》の影響で多くの仏師が廃業したため、江戸時代の仏像彫刻文化を現代に伝承した功績は大きい

※5 **阿閦如来《あしゅくにょらい》**
金剛界曼荼羅の成身会《じょうじんね》東方に位置する如来であり、古くから薬師如《やくしにょ》来《らい》と同体であるという教説にもとづいた信仰がある

※6 **木村武山**
明治時代末から昭和初期にかけて活躍した日本画家、日本美術院の設立に尽力した、仏画、花鳥画を中心とした優れた技巧と色彩感覚が評価されている

を戒めていたような気がしてなりません。

祖山高野山に住まいする僧侶は大伽藍を巡拝するとき、中門の参拝を欠かすことはありません。作法としては中門跡の礎石に向かって多聞天と持国天の真言を唱えるのですが、これは中門焼失前から連綿と続けられている巡拝次第をかたくなに守っているだけでなく、形はなくとも私たちの心を戒め続けて下さる中門と多聞持国二天に再建を誓うものであり、真言を唱えることにより心のなかの中門をさらに堅固に築き上げてゆく重要な作法なのです。

さらに多くの皆様の篤い思いとお力添えを得て、中門が立派に再建されることを懇願するとともに、再建された中門の厳かな尊容を夢見てやみません。

中門跡より
金堂

不動堂《ふどうどう》

神無月も霜降を迎えると、祖山高野山は鮮やかな紅葉で荘厳されます。祖山一の紅葉の名所、蛇腹道※1を西に抜けると鮮やかに彩られた壇上伽藍が拡がります。さらに歩を進めると左手に紅葉に映える国宝不動堂が静かな佇まいをみせています。

不動堂は金剛三昧院多宝塔とならぶ貴重な高野山内国宝建造物であり、重要文化財の本尊不動明王座像と、その眷属《けんぞく》国宝八大童子像とあわせて日本を代表する寺宝として広く信仰をあつめてきました。

不動堂は建久九（一一九八）年に鳥羽天皇※2の皇女八条院暲子内親王※3が願主となり、一心院の一堂として行勝上人※4が創建したと伝えられています。創建時には一心院谷、金輪塔※5の傍らに位置していましたが、明治四十一年に解体修理が施され、現在の場所に移築されました。

住宅建築様式により建てられた類い希なる堂宇は、空間を安定させる絶妙な傾斜の檜皮葺屋根が美しく、願主八条女院のやさしさと平安貴族の余《よ》香《こう》をほのかに漂わせています。行勝上人の自作で念持仏と伝えられている不動明王座像の痩身で端正な風格は、上人をも偲ばせるもので、不動明王

※1 蛇腹道《じゃばらみち》
大伽藍東端に位置する参道、毒蛇にまつわる伝説がある

※2 鳥羽天皇
第七十四代天皇、皇后の美福門院《びふくもんいん》とともに高野山に篤い信仰をよせた

※3 八条院暲子内親王《はちじょういんあきこないしんのう》
鳥羽天皇崩御の後、莫大な遺産を相続しながらも出家し、皇太子の養育を任された、皇太子が即位すると八条院の女院号を送られた

※4 行勝上人《ぎょうしょうしょうにん》
平安末から鎌倉時代の高僧で穀類を絶つ木食《もくじき》修行で知られる、不動堂だけでなく経蔵をはじめとする諸堂の建立に尽力した中興の祖のひとり

像を代表する彫像としてよく知られています。※6運慶作八大童子像は不動堂創建時に造立《ぞうりゅう》されたもので、東大寺南大門の金剛力士像が造られた建仁三(一二〇三)年の数年前の作であり、歴史的な仏師運慶の技法が最も洗練された最盛期の作品といえます。平安・鎌倉仏教美術を代表する傑作、八大童子像は国宝中の国宝として日本だけでなく世界的な注目をあつめてきました。

八大童子とは不動明王にお仕えする八人の弟子であり、平安時代の少年をモデルに造られたと思われる清純な風貌と若々しくも華奢《きゃしゃ》で未熟な肉体が絶妙な表情と不思議な調和をみせています。

制多迦童子《せいたかどうじ》の微笑ましい五髻※7の結び目や知性あふれる風格、矜羯羅童子《こんがらどうじ》のリアルに豊かな肉付き、恵光童子《えこうどうじ》の鋭い気迫あふれる瞳、光線の具合によって様々に変化する恵喜童子《えきどうじ》の表情、烏倶婆誐童子《うぐばがどうじ》の透徹した少年の憤《ふん》怒相《ぬそう》、修行僧の信念あふれる清浄比丘《しょうじょうびく》、いずれの童子像からもあふれ出る優しくも厳しく、柔らかくも強い不思議な魅力は対峙する者をいつまでも飽きさせることはありません。

その魅力は日常の喧噪に追われて忘れかけている子供のような無邪気さであり、永遠の彼方に夢を見続ける澄んだ瞳であり、いかなる困難にも向かっていく不屈の信念であり、邪悪さを寄せつけない究極の清らかさであります。いずれも子供だけが有する清浄な精神と肉体に宿るものであり、

※5 **金輪塔《きんりんとう》**
一心院谷に位置する多宝塔で高僧名算《めいざん》大徳の御廟と伝えられている、本尊に一字金輪仏を奉安することから金輪塔と呼ばれる

※6 **運慶《うんけい》**
平安末から鎌倉時代に活躍した天才仏師であり、力強さと写実性に富んだ鎌倉様式彫刻の第一人者、東大寺南大門の金剛力士像などが有名

※7 **五髻《ごけい》**
五つに分けて結ばれた頭髪、五仏の智恵をあらわす

大人の濁りにはほど遠い、懐かしく温かいゆりかごにのみ育むことが出来る、善なる人間の本質ともいえるかもしれません。

古くから不動堂は多くのロマンと謎に包まれてきました。四人の大工によって意匠を凝らされたと伝えられる四隅四種類の組物、不動堂には付き物である護摩[※8]が焚かれた形跡が認められないこと、本尊と八大童子を安置していた須弥壇[※9]に不釣り合いな大型の厨子[※10]の跡、床板に夥《おびただ》しく残されている刃物の跡や何かを引きずった跡、作者が異なる二体を含む八大童子像、古文書に残されている「不動堂」、「阿弥陀堂」、「一心院」の関係など、不動堂が持つ特殊な宗教的性格は数多くの謎となって伝えられてきました。平成七年十月より施された保存解体修理により不動堂の歴史が次第に明らかになってきましたが、多くの謎は依然としてロマンの深い霧に包まれたままです。

いずれにしても、神聖なロマンを秘めた不動堂と、潜在意識を呼び起こしふと会いたくなる不思議な魅力の八大童子像が、真言密教の敬虔な歴史と信仰が凝縮された傑作であることはいうまでもありません。

※8 護摩《ごま》
真言密教の祈祷修法のひとつであり、火のなかを清浄な道場として観想し、供物や護摩木を投じて祈念する

※9 須弥壇《しゅみだん》
仏像などの信仰対象を安置する大型の壇を指し、仏教的宇宙観の中心にある巨大な須弥山を意味する

※10 厨子
仏像などを安置するための箱形の構造物であり、一般的には扉や屋根型の天井が施されている

不動堂
不動堂秋景
重夫

三昧堂《さんまいどう》と西行桜《さいぎょうざくら》

大伽藍境内の東の端に歌僧として有名な西行法師※1にゆかりの深い三昧堂と西行桜があります。

西行法師は僧名を円位《えんい》といい、真別処《しんべっしょ》の重源※2と時を同じくして広く名を知られた高野聖※3でありました。二十三才の若さで出家し、吉野や陸奥で修行を重ねた後、久安五（一一四九）年三十二才の頃から三十年にわたり高野山に草庵を結びました。この年は久安の大火と呼ばれる火災により根本大塔、金堂などを失った年に相当し、復興勧進※4のために西行とともに全国から多くの高野聖が集結したと伝えられています。

現在、三昧堂の西に位置する大会堂《だいえどう》は安元元（一一七五）年五辻斎院※5頌子内親王が父帝の追福菩提のため東別所に建立し、治承元（一一七七）年に移築されたものですが、この造営、移築に総指揮として深く関与したのが西行でした。

また、三昧堂は金剛峯寺第六世済高※6座主により延長七（九二九）年に創建されたもので、大会堂と同じく西行によって現在の場所に移築されました。上人が常に修法されたため西行堂とも呼ばれた二間半四面のささやか

※1西行法師
平安時代の歌僧、各地の寺院復興の頭領として全国を行脚してひろく協力を求める生涯を送った、東大寺再建や高野山大会堂などの業績が有名

※2重源《ちょうげん》
西行法師と同じく鎌倉時代の勧進僧《かんじんそう》として活躍した高野聖のひとり、高野山真別処に住寺しながら全国各地の寺院復興に尽力した、造東《ぞうとう》大寺大勧進職《だいじだいかんじんしょく》としての実績が有名

※3高野聖《こうやひじり》
古くから高野山全体に

な堂宇は、西行の草庵と呼ぶにふさわしく、その端正な出で立ちと清楚な風格から上人の遺徳が感じられます。

　三昧堂移築に際し、上人によりお手植えされたのが西行桜の由来とされています。近世では文化六（一八〇九）年、天保十四（一八四三）年の大火により焼土と化した大伽藍の復興の度に植え継がれたため、現在の西行桜は樹齢百五十年を超す老桜であることが推察されます。

　二世紀にわたり西行の遺徳を宣揚《せんよう》してきた老いたヤマザクラは樹幹の腐朽により傾斜し、頑強な支柱なしでは自立できない状態でありながら、毎年壇上にやわらかな春風が届くのを待って見事な花を咲かせます。それはあたかも、三昧堂の濡れ縁から自分を愛でる主、西行の眩しそうな眼差しに応えるかのような咲き方であり、けなげな風情を感じずにはいられません。

　生涯を信仰と詠歌に捧げた西行は、桜をこよなく愛されました。桜にちなんだ多くの歌のなかに大伽藍三昧堂と西行桜を詠んだものがあります。

　高野に籠りたりける頃、
　　草の庵《いおり》に花の散り積みければ
散る花の庵の上をふくならば
　風入るまじくめぐりかこはん
　　西行法師

役割分担があり、学侶《がくりょ》、行人《ぎょうにん》、聖《ひじり》に大別されることから高野三方《こうやさんかた》と呼ばれた。聖は高野聖と呼ばれ、布教や勧進を目的として諸国を行脚することを日常とした

※4 勧進
多くの人々に布教するとともに、社寺仏閣建設のための寄付を募って全国を行脚すること

※5 五辻斎院頌子内親王《いつつじさいいんうたこないしんのう》
鳥羽天皇の皇女、母の美福門院ならびに姉の八条院とおなじく高野山に篤い信仰をよせた

※6 済高座主《さいこうざす》
東寺長者と高野山座主を兼職した最後の座主、三昧堂を建立して自らの念誦堂としたことで知られる

これは、三昧堂に舞い込んできた桜の花びらが風に吹き飛ばされないよう、囲いをめぐらしたいという素朴な気持を表現した歌ですが、西行と三昧堂、そして桜の三者がありありと目に浮かんでくるとともに、純粋な絆で結ばれた特別な関係を想像するに難くありません。

西行は自らの辞世の句とされる「願はくは 花の下にて 春死なん その如月《きさらぎ》の 望月《もちづき》の頃」の願望を実現するように、建久元（一一九〇）年二月十六日河内の弘川寺にて七十三年の生涯に幕を下ろします。そのとき、この世で見る最後の花見として、境内に舞う桜の花びらを床から見ながら思い浮かんだのは、大伽藍三昧堂の西行桜であったような気がしてなりません。

今年も鶯《うぐいす》の声とやわらかな風が壇上に春を告げる頃、西行法師の魂はやさしい日溜まりに包まれた三昧堂の濡れ縁で、けなげに咲き誇る老桜を眩しそうに眺めるに違いないと思うのです。

西行櫻
西行桜
重夫

蛇腹道《じゃばらみち》

六時の鐘から大伽藍に続く細い参道は「蛇腹道」と呼ばれています。

蛇腹道は古い石垣と馬酔木《あせび》の生け垣に護られた心休まる地道の参道で、秋には高野山を代表するモミジの紅葉の名所として多くの参拝者が散策に訪れる素敵な小径です。この参道はその形が蛇に似ていることと、弘法大師が魔物を大蛇に見立てて竹ボウキで祓ったという伝説が一緒になった結果、「蛇腹道」という印象的な名前で親しまれてきました。

高野山で毒蛇にまつわる伝説はいくつか伝えられていますが最も有名なものは高野の七不思議のひとつ「高野にハブ（毒蛇）なし」として語り伝えられています。高野山にはマムシなどの毒蛇が少ないことがよく知られています。実際、近年では毒蛇の被害を耳にすることは全くありません。

ところが昔は大蛇のような毒蛇がたくさん住んでいて、参拝者を困らせていたというところから話は始まります。

一の橋から御廟に向かう参道の途中に二の谷と呼ばれる所があり、そこに数取り地蔵さまが祀られています。このお地蔵さまが弘法大師の御廟に参詣する信者の人数を数えていたのですが、参詣する人数より帰る人数が少ないことを不思議に思い、調べてみると参道の先に大毒蛇がいて、若い参詣人に襲いかかって呑み込んでいたのです。

これを悲しんだ数取り地蔵さまが弘法大師の御廟に報告すると、大師はお嘆きのあまり御廟からお出ましになり、竹ボウキで大蛇を封じ込んで再び竹ボウキを使う時代に封印を解くと約束されました。それ以来、高野山では竹ボウキの替わりに「クロモジ」の細枝や「コウヤボウキ」の枝や根

を使ってホウキを作るようになったといわれています。

「コウヤボウキ」は日本に広く分布するキク科の小低木で、その名は古くから高野山で土間や内庭用のホウキの材料として使われてきたことに由来しています。

全く同じような伝説が蛇腹道にも伝承されており、高野山開創当時、御影堂横の井戸を頭とし、※1六時の鐘を尾とする大毒蛇を、弘法大師が竹ボウキで祓った（掃き出した）というもので、参道がその大蛇の腹の部分にあたるため「蛇腹道」と呼ばれるようになったと伝えられています。また、そのとき大蛇の怨念が竹ボウキに乗り移ったため竹ボウキを使わなくなったとも伝えられているのであります。

実際に女人禁制など山上の禁則を厳しく取り決めた「禁《きん》忌十則《きじゅっそく》」のなかに「三つ股の熊手及び竹ボウキを禁ず」という禁制があり、明治時代までは厳格に遵守されてきました。竹は神聖なものであり、粗末にしてはならないという信仰から生まれたものとも考えられていますが、未だに明確な理由はわかりません。

高野山ならではの信仰と故事が一体となった不思議な伝説に深く結びついている神秘的な植物「コウヤボウキ」が淡いピンクの可憐な花をつける頃、蛇腹道は紅葉に荘厳された最高の季節を迎えます。

※1六時の鐘
大塔の鐘とならぶ高野山の銘鐘、金剛峯寺前にあり、現在も偶数時を知らせる時の鐘として撞かれている

伽藍への道 蛇腹道
重

遍照ヶ岳《へんじょうがだけ》

気の早い蝉の声が、高野山八葉の峯々に遠く響く朝、萌黄色《もえぎいろ》の若葉に覆われた女人道は、不思議なすがすがしさで充満していました。

女人道《にょにんみち》は、高野山が女人禁制であった頃、信仰篤い女性が遙拝※1する巡拝道として発生しました。当時、高野七口と呼ばれる山内への入り口には女人禁制の制札とともに、女人堂と呼ばれる堂宇があり、参拝する女性たちの遙拝所、宿泊所として重要な位置を占めていました。女人道はこれらの女人堂をつなぐ環状の山道であり、篤い信仰が生み出した聖なる巡拝道といえます。

高野山の浄域は内八葉《うちはちよう》、外八葉《そとはちよう》と呼ばれる峯々によって蓮の台《うてな》のように包まれているといわれます。大伽藍をとりまく内八葉、大伽藍だけでなく奥の院御廟まで包み込む外八葉は高野山を取り巻く森厳《しんげん》な環境の象徴であり、祖山が弥勒の浄土と呼ばれる所以がここにあります。

内八葉のひとつ、遍照ヶ岳※2は大伽藍南に位置する小高い丘で、貞応二（一二二三）年八月十七日、八十二歳にして突如として大身《たいしん》に現じ、両脇に生えた羽翼《うよく》で大空に飛び去り、永く祖山の鎮護となったという覚海上人※3の尊

※1 遙拝《ようはい》
離れた場所から参拝すること

※2 遍照ヶ岳
大伽藍南側に位置し、女人禁制の時代に多くの女性が遙拝した小高い丘

※3 覚海上人《かっかいしょうにん》
鎌倉時代の高僧、建保六（一二一八）年高野山と吉野金峯山寺《きんぶせんじ》が対立したとき、多くの僧侶が離山するのを止めたと伝えられている

廟があることから、覚海山《かっかいさん》の名前で親しまれてきました。遍照ヶ岳は女人道のなかで、大伽藍に一番近い場所であり、峯からは大塔、金堂、中門跡が眼下に見渡すことができる遙拝には絶好の場所であります。現在は杉の木立が生い茂っていますが、木立の間からは真言密教の根本道場である大伽藍の尊様が迫ってくるように感じられます。

　弘法大師が弘仁七（八一六）年に高野山を下賜され、翌年の春に大伽藍建立のための大結界[※4]を修められてから、明治五年三月に太政官布告により女人禁制が解かれるまでの千五十年あまり、女性は高野山内に入ることを許されず、女人道からの遙拝を余儀なくされました。江戸時代後期には多くの信仰篤い女性参拝者が、全国各地から徒歩で辺境の聖地を目指して登山し、女人堂を足がかりに高野山の諸堂を遙拝したことが知られています。

　参拝者のなかには帰りの路銀[※5]も持たない命がけのものも少なくありませんでした。運良く七つの入り口から高野山浄域にたどり着いても、入山を許されないことは承知の上での決死の参拝でありました。参拝は女人道からの遙拝ではありましたが、道が山内を見渡せる八葉の峯にさしかかると、一心に祈りを捧げた姿が容易に想像できるのです。

　遍照ヶ岳は永年にわたり、信仰篤い女性をお迎えし続けてきました。ここからは一山の総本堂である大伽藍金堂の姿が望めるため、恒例法会が厳修される日時には多くの参拝者が重なるように遙拝を捧げたに違いありま

※4 **大結界《だいけっかい》**
大伽藍を中心とした七里四方の魔を祓ったとされる結界

※5 **路銀《ろぎん》**
旅行の費用

※6（P.58）**修正会**
新年にあたり、その年の幸運と繁栄を祈る法会

せん。

　正月の修正会※6（P.57）には家族の健康と農作物の豊作を祈り、春秋の彼岸会※7や盆供の不断経※8等の法会には肉親や先祖に回向《えこう》を捧げ、花供※9や仁王会※10にはささやかながら平穏な日々を送ることができるようにと至心に祈る女性の姿がありました。風に乗ってかすかに聞こえてくる職衆《しきしゅう》の声明や読経の声は、自分の祈りに応えて下さる大師の啓示に聞こえたかもしれませんし、職衆の祈りを集める導師の振鈴《しんれい》の音は、傷ついた心をやさしく癒してくださる諸菩薩の慈悲を感じさせるに十分な響きでありました。

　大師の啓示と諸菩薩の慈悲は、日々の喧噪《けんそう》と煩悩の垢で凍りついた魂を温かく溶かし、良心の血が鮮やかに通い始めるとともに、閉じた目からあふれる歓喜の涙を止めることができなかったのではないでしょうか。

　女人禁制が解かれて百三十年あまり、現在では絶好のハイキングコースとして知られる女人道ですが、敬虔な信仰を胸に命がけで登山し、至心の祈りを捧げた女性たちの足跡にこめられた思いは、百年以上を経た今でも薄れることはありません。

　信仰篤い女性たちの足跡を感じながら、遍照ヶ岳を下りはじめたとき、咲き遅れた日陰のシャクナゲが一輪、壇上伽藍に向かって揺れていました。

※7彼岸会《ひがんえ》
彼岸に行われる聖霊追《しょうりょうつい》善法会《ぜんほうえ》

※8不断経《ふだんぎょう》
高野山最大の盆供《ぼんく》の法会、過去・現在・未来のすべての諸聖霊を供養するため一週間にわたり、中曲理趣三昧法会《ちゅうきょくりしゅざんまいほうえ》が行われる

※9花供《はなく》
弘法大師が高野山で初めて執行されたとされる萬燈萬花会《まんとうまんげえ》に由来する法会であり、ツツジの花が咲く吉日に執行されていたが、現在は行われていない

※10仁王会《にんのうえ》
天下泰平を祈り、五大《ごだい》力菩薩像《りきぼさつぞう》（国宝）を奉安して毎年一月十一日に百人の僧侶が出仕して執行された、現在は特別な年に限り行われている

遍照ヶ岳より　伽藍を見る

霊宝館《れいほうかん》

霊宝館のネーミングには深く感心させられます。「霊宝」という言葉からは国宝や宝物といった意味だけでなく、魂の宝、心の宝といった気持ちを感じずにはいられません。祖山高野山に連綿と伝えられてきた密教文化財を文化的な価値としてだけでなく、信仰の対象、人々の心のよりどころとして千年近くも護り続けてきた多くの人々の思いが「霊宝館」という名前ににじみ出ています。

霊宝館は国宝二十一件、重文百四十件、県指定十五件の約二万八千点を数える指定品のほか、未指定品五万点を超える収蔵品を有する全国的にもトップクラスの博物館といえます。大正九年九月に竣工した霊宝館の本館は、典型的な大正建築様式で宇治の平等院をイメージして設計されました。屋根には大阪城天守閣や大伽藍金堂と同じ工場で製瓦《せいが》された銅瓦《どうがわら》が使用され、貴重な収蔵品に恥じない風格と壮麗な雰囲気を感じさせてくれます。霊宝館本館は高野山上だけでなく全国的にも数少ない大正建築を代表するものとして、平成十一年には登録文化財として登録されました。

建築当時、総工費二十五万五千円で竣工した霊宝館は、大正十年三月四日に三十銭の拝観料で一般拝観を開始しました。高野山に連綿と伝わる門外不出の什宝《じゅうほう》が日の当たりにできるということで、拝観を開始した三月には五、三四六名、四月には一六、四一三名という記録的拝観者数を記録したようです。現在とは比べ物にならない不便な交通機関を利用して霊宝館を訪れた多くの拝観者は、展示された数々の「霊宝」をためいき混じりに見入ったに違いありません。

霊宝館に収蔵されている文化財は密教美術品としての価値が高いだけでなく、それぞれが信仰対象として多くの人々の心をとらえ続けてきたものばかりで、指定品となればなおさらその意味が強く感じられます。弘法大師が唐から御請来《ごしょうらい》になったと伝えられる「諸尊仏龕[※1]」（国宝）に向かうと、大師が旅先で毎日この仏龕に合掌する姿が有り難く思い浮かび、息が詰まるほど胸が熱くなるとともに、大師の衆生救済の思いの深さが感じられるような気がします。

また、大師真筆の「聾瞽指帰[※2]」（国宝）からは本書に向かわれる御年二十四歳の若き大師のお姿が感じられ、平安の昔からこの著述にふれた多くの人々の熱い思いを知ることができます。

さらに、日本仏画の最高傑作といわれる「仏涅槃図《ぶつねはんず》」（国宝）は永きにわたり常楽会[※3]の本尊として用いられてきたもので、釈尊が入滅する情景を前に代々の伝説的な諸大徳が一堂に会して祈りを捧げた姿が容易

※1 **諸尊仏龕《しょそんぶつがん》**
弘法大師が中国から持ち帰られた仏像彫刻、白檀丸材を三面開きにして釈迦如来を中心とした諸菩薩が繊細に彫刻されている、携帯できることから枕本尊とも呼ばれる

※2 **聾瞽指帰《ろうこしいき》**
弘法大師の直筆著述書跡、儒教・道教・仏教の教義を戯曲風に論じたもの、日本最古の小説として知られている

※3 **常楽会《じょうらくえ》**
お釈迦さまの入滅を偲ぶ法会であり、涅槃会とも呼ばれる、二月十四日の夜から翌日午前中にかけて夜を徹して行われる

に想像できるのです。

高野山の文化財には多くの人々の熱い祈りや願いが込められてきました。そこには一般的な美術品、骨董品とは違う「こころ」のようなものを感じることができます。大量生産・大量消費の結果、物が氾濫し、こころない時代といわれる現代社会だからこそ古い物に「こころ」を添えていく努力が必要かもしれません。そうすれば千年後の霊宝館に私たちの時代のものも文化財として収蔵され、それにふれた未来の子供たちが「こころ」を感じることができるかもしれません。

霊宝館

専修学院《せんしゅうがくいん》

雪の残る専修学院の門前には今朝も張りつめた静けさが充満していました。

専修学院は大本山宝寿院《ほうじゅいん》という門主寺※1で、長元四（一〇三一）年に無量壽院《むりょうじゅいん》として禅林寺深覺※2大僧正により創建されました。応永年間には高野山学道の祖である長覺※3大徳が住寺、興隆された由緒ある寺院であり、現在は高野山専修学院の名前で高野山真言宗僧侶養成施設として全国に広く知られています。

専修学院の修行僧は瑜伽生《ゆがせい》と呼ばれ、奥の院御廟と壇上伽藍の両壇を参拝する一糸乱れぬ檜皮色の如法衣※4の隊列は、真言密教の厳しさと清らかさを象徴する光景として高野山を代表するものとなっています。

専修学院に入学した瑜伽生は一年間で真言密教の主要な教義や作法はもちろんのこと、四度《しど》加行《けぎょう》を通して真言密教の秘法を授かった後に、伝法灌※5頂の厳儀を経て正式な法流継承者となります。四度加行は十八道《じゅうはちどう》、金剛界《こんごうかい》、胎蔵界《たいぞうかい》、護摩という四種の行法を段階的に授かり、高野山真言宗の基本的な事相と教相を修得するものであります。修行中の瑜伽生は一切の肉食と

※1 門主寺《もんしゅでら》
教団や宗団のような仏教団体の総裁が住職となる寺

※2 禅林寺《ぜんりんじ》深覚《じんがく》
平安時代の高僧、京都禅林寺に住して密教を深め、東大寺別当職を務めた。晩年になって高野山に登った

※3 長覺大徳《ちょうかくだいとく》
鎌倉時代の高僧、学徳極めて高く、宗派、地方の壁を越えた師としてひろく嘱望された、高野山では宥快大徳《ゆうかいだいとく》とならんで高野山密教教学を興隆に導き、応永

五辛[※6]を断つ完全な精進潔斎[※7]を常とし、外出はおろか外界との連絡を絶つことにより、自己を俗世から切り離した環境で修行に専念します。

高野山真言宗僧侶の必須科目である四度加行は、現代の一般的な若者にとっては過酷ともいえる難行かもしれませんが、高野山真言宗を象徴する伝統的厳儀であり、真言行者の誇りでもあるのです。また、出家という言葉にふさわしい環境に身を置くことで、俗世と自身を見つめ直す貴重な期間となるのです。

四度加行中に施しとして頂いた缶ジュースを数ヶ月ぶりに口にして、その深い味わいに感銘を受けたという話を聞いたことがあります。

近代文明は利便性とともに飽食傾向の食文化を生み出しました。氾濫する食物はともすれば粗末にされることも珍しくなく、多くの人は食することに感謝の気持ちを忘れがちになっているのが現状です。数ヶ月ぶりの缶ジュースは、人が食事に臨むとき、食材に携わった多くの人々と大自然の恩恵に対し、忘れてはならない深い感謝と喜びを再認識させてくれるに十分なものであり、その深い味わいは魂を振動させながら体のすみずみまで潤して余りあるものであったに違いありません。それは初めて一本の缶ジュースが本来の姿と味わいで認識された瞬間でもありました。

仏教は性善説を肯定し、人の心の中にある鏡は生まれたときは澄み切っていることを疑いません。また、すべての迷いは心の鏡が曇ることにより

の大成と呼ばれる南山教学の最盛期を実現した

※4 如法衣《にょほうえ》
七条袈裟《しちじょうげさ》（縦長の布を横に七枚つないだ袈裟）の一種、最も戒律にちなんだ袈裟であり、一般的には香色のものが多い

※5 伝法灌頂《でんぽうかんじょう》
密教における最も重要な儀式のひとつ、師僧から密教の奥義を伝授して頂くことを主旨とする

※6 五辛《ごしん》
修行中に食べてはならない五種類の野菜、（ニンニク、ニラ、タマネギ、ネギ、ラッキョウ）

※7 精進潔斎《しょうじんけっさい》
神仏に仕えるため、戒律を厳守した行動と食事により心身を清らかな状態に保つこと

物事の真の姿を見失うことであるとされています。真言行者の修行は身口※8意の三密《さんみつ》を加持《かじ》することを貫き、心の鏡を磨き続けます。一点の曇りもない光り輝く心の鏡は森羅万象をありのままの姿で正しく映し出し、損得ではなく、善悪に基づいた正しい判断により正しい道を歩むことができるのです。

十五年以上を経て、私自身の四度加行中の記憶は悲しくも薄れつつありますが、あの時、確かに私の心の鏡は、みずみずしくきらりと光っていたに違いないと思うのです。

※8 身口意《しんくい》
体と口と心を指す、手に印を結び口に真言を唱え心を仏の世界に運ぶことを三密加持《さんみつかじ》という

残雪の専修学院

高野山高校《こうやさんこうこう》

高野山高校の起源は明治十九年五月一日、興山寺《こうざんじ》跡（現在の総本山金剛峯寺奥殿付近）に「※1古義真言宗立大学林付属尋常中学林」が開講したことに由来します。その後、大学から分離独立し、昭和二十三年の学制改革で現在の校名になった高野山高校は、実に校史百十八年、私立高校としては県下はもとより全国でも最古級の歴史を誇ります。

明治初期の高野山は明治四年の版籍奉還《はんせきほうかん》により寺領二万一千石と山林三千町歩を失った上、廃仏毀釈と度重なる火災に見舞われ、七百余を数えた山内寺院の半数以上が廃寺へと追い込まれました。山上ではいたるところに寺院の焼け跡が放置され、運良く火災をまぬがれても経済基盤と資源を絶たれたことにより廃墟と化した僧坊も少なくありませんでした。衣食住もままならない惨憺《さんたん》たる環境ではありましたが、真言宗の教学習得を志す学生の熱意により、祖山に連綿と受け継がれてきた法統は、その輝きを失うことはありませんでした。

明治三年に※2大徳院跡（現在の南院）に開設された講学所は、真言宗の教学をはじめとする仏教全般の教相や漢文、国文などを中心とした科目を教

※1 古義真言宗《こぎしんごんしゅう》
新義真言宗（覚鑁を宗祖とする真言宗の一系統、智山派、豊山派を指す）に対し、古来の教義を説く真言宗各派の総称、高野山真言宗を中心として東寺派、醍醐派、御室派、大覚寺派、他多数の宗派が古義として分類される

える高野山最初の学校でありました。その後、当時の内務省の方針により、小教院、大教院と名称を変え、明治十年には仏教各派に先がけて高野山大学林が、明治十九年には付属中学林が開講し、学問の最高峰「学山高野」という名前が全国に広く知られるようになりました。

その後、熱意あふれる多くの学生僧侶が全国から高野山に集結し、明治二十年には講堂や寮が増築されました。当時の資料をみると、講堂の総工費三十八円四十六銭二厘五毛、南寮は七十九円三厘とあり、竣工時の壮観は「学舎の中央に講堂が位置し、その東西には二階建ての寮舎を連ね、後ろには権現山《ごんげんやま》を負い南に本門を構える。書冊を脇にはさんだ学生僧侶が頻繁に出入りす。」と記されています。

「白光《びゃっこう》ゆたかに空に充ち、地に聖明《せいめい》の気を湛《たと》う」という歌詞は、旧制中学時代からいまに伝わる高野山高校の校歌の一節であります。大正十年から歌い継がれてきた祖山を代表する名曲には、弘法大師がこよなく愛した高野山の風光にひたる感激と、青春の輝きがあふれています。明治、大正、昭和、平成と時代は移り変わ

※2 大徳院《だいとくいん》
高野聖の総本山と称され、学侶方の青巌寺《せいがんじ》、行人方の興山寺と並んで高野山三大勢力の中心的存在であった、徳川家と親密な関係にあり、大徳院に建立した聖方の東照宮は徳川家霊台の名で重要文化財に指定されている

り、戦前、戦中、戦後の動乱の波に翻弄されながらも大師の教学習得に邁《まい》進《しん》した学生たちの情熱とひたむきさを思うとき、あらためて学山高野の歴史を実感せずにはいられません。

下界とは二十キロの道のりを隔て、人口約四千人余りという高野町に保育園から大学までの教育機関が整う類い希なる現在の環境は、学山高野の精神を今に、そして未来に伝えていくに違いありません。

これからも聖明の気を湛える高野山で青春を謳歌する多くの生徒たちに、白光がゆたかに降り注ぐことを願ってやみません。

高野山高校

瑜《ゆ》祇《ぎ》塔《とう》

数年ぶりに訪れた瑜祇塔は春雨上がりのやわらかな霧に護られていました。

瑜祇塔の正式名は金剛峰《こんごうぶ》楼閣《ろうかく》瑜祇塔《ゆぎとう》であり、金剛智三蔵※1訳の「金剛峰楼閣一切《いっさい》瑜伽《ゆが》瑜祇経《ゆぎきょう》（略称・瑜祇経《ゆぎきょう》）」に基づいて建立されました。瑜祇経は密教の根本である金剛界と胎蔵の二部は本来同一のものであるという精神を説いたもので、真言宗では最も尊重される教典のひとつであり、総本山金剛峯寺の寺名の由来がここにあります。

飛鳥時代に開花した日本仏教は伽藍建築を確立し、各地に広大な伽藍が建設されました。伽藍境内の最も特徴的な堂宇が多宝塔形式の塔であり、古くから仏教の象徴として認識されてきました。

多宝塔には多くの様式があり、四角、六角、八角および十二角の多角形の屋根を持つものや三重、五重、七重および九重の多層の屋根を持つものなど、建築技術や仏教思想の違いにより様々な姿の多宝塔が建立されました。その多宝塔の原型とされているのが瑜祇塔であり、一重の屋根と円筒形の厨子、そして屋根の上に聳える五本の相輪※2が特徴としてよく知られて

※1 金剛智三蔵《こんごうちさんぞう》
真言密教の第三祖（三番目の継承者）にあたるインドの僧侶、根本経典のひとつ金剛頂経の翻訳に尽力した

※2 相輪《そうりん》
塔の最上部にあり九輪とも呼ばれる多宝塔の象徴であり、塔自体の本質をあらわす重要な構造物

います。

　なかでも弘法大師の住坊でありました高野山中院《ちゅういん》御坊《ごぼう》龍光院《りゅうこういん》裏の獅子ケ岳に位置する瑜祇塔は古来の正しい姿を有する瑜祇塔として広く信仰を集めてきました。龍光院の瑜祇塔は大師の遺言により真然大徳が貞観十二（八七〇）年に建立したもので、三度の火災を蒙った後、昭和八年に現在の場所に再建されました。

　古式ゆかしい密教の塔は高野山のみずみずしい新緑に浮かぶように調和していました。

多宝塔の原型であり、インドのストゥーパに類する古のスタイルでありながら、円筒形の厨子と巨大な五本の相輪が新しく斬新な印象を与えてくれる不思議な塔には、密教の神秘的な香りといのちの力強さが充満していました。細く優しい春の雨はまわりの若葉を濡らし、相輪と屋根を濡らし、音もなく基壇《きだん》をたたいていました。

出そろった麦の穂を思わせる若葉の緑色が雲の切れ間より放たれたやわらかい日差しに映え、みなぎる生命力を自慢しているようにすら思えてなりません。そんな鮮やかな新緑の世界のなかにあっても決して臆することなく調和し、新しさと勢いを感じさせる古式の塔は、密教の教えである自然との一体化を全身で表現しているようにも感じられました。こうして側に立っているだけで私の心身も、生命の息吹があふれるまわりの空間にあつかましく溶け込み、リフレッシュされたような気になるから不思議です。

水分をたっぷり含んだ空気に新緑のエキスが溶け込んだ生命の森を抜け、獅子ケ岳を下ると雨上がりの午後の日差しが迎えてくれました。

しばらくして何気なく振り返ると生まれたての虹がみずみずしく瑜祇塔を飾っていました。小さい頃、虹のふもとには宝物が眠っているという話を聞いたことがあります。どうやら瑜祇塔の存在自体が私たちにとってかけがえのない宝物であることは間違いないようです。

龍光院
瑜祇塔

総持院《そうじいん》 登竜《とうりゅう》の藤《ふじ》

春の雨は、目覚める前の夢のなかでしとしと降ります。その細くやさしい雨音は、まどろんだ意識に静かにしみこむように、やわらかな朝を告げてくれます。温かい雨が木々の新葉を濡らすのを合図に、山々に若葉色のいのちが一斉に萌え上がると、新緑のキャンバスに、藤の花が淡い紫色のコントラストとして添えられるのも、そう遠くはありません。

高野山には古伝に知られた藤の銘木がありました。「七株の霊木」のひとつとして広く信仰をあつめた「倒指《さかさし》の藤」、※1覚法親王が「草庵古藤《そうあんこふじ》」と題して歌を詠まれたという「※2庵室の藤」、弘法大師が高野明神と面会されたと伝えられる「※3立合の藤」などが古くから知られていました。しかし、これらの銘木は度重なる大火などにより枯失し、近年になって御影堂裏に植え次がれた「倒指の藤」以外は、銘木伝説の痕跡すらうかがうこともできません。

古伝に知られた藤の銘木がすべて姿を消した現在、山内随一の藤として推称すべきは総持院の前庭を飾る「登竜の藤」であります。周囲一メートルを超す幹蔓《みきづる》は圧巻で、約二十メートル四方の藤棚に仕立てられた山藤は、

※1 覚法親王《かくほうしんのう》
後白河天皇の皇子、平安時代後期から鎌倉時代初期にかけての皇族僧

※2 庵室《あぜち》の藤
五の室谷光台院とも蓮華谷蓮華三昧院とも伝えられている

※3 立合《たちあい》の藤
詳細不明、奥の院参道近くにあったと推察される

無数の蔓が競うように絡み、その印象を強烈なものにしています。白花品の山藤の特徴である短い房と大きな花輪を持つ、壮麗な美観と高い香気は、みるものの言葉を奪います。明治三十四年五月二十日、小松宮彰仁親王[※4]御登嶺の際、殿下はその芳香を愛でて駕を向けられ、親しく御鑑賞のうえ「登竜の藤」と御命名になったという由緒を持つ銘木中の銘木といえます。現在もこぼれんばかりの花をつける白藤は、総持院境内だけでなく、蛇腹道や六時の鐘付近までその可憐な芳香を漂わせます。

大永元（一五二一）年二月に大伽藍を灰燼《かいじん》に帰した永正の大火の際に焼枯した、前述の「倒指の藤」も「登竜の藤」と同様の白藤でありました。「倒指の藤」は、高野山中興の祖として知られる祈親上人[※5]定誉が、法燈《ほうとう》の繁栄を祈って壇上に植えられたもので、祖山の運勢の強さを卜《ぼく》するため、さかさまに植えたものが見事に活着して繁茂し、毎年壮麗な白藤の房を垂らして壇上を飾ったと伝えられています。

祈親上人は長和五（一〇一六）年三月、五十八才で高野山に登りましたが、正暦五（九九四）年の大火や相次ぐ高僧の遷化により、当時の祖山は疲弊しきっていました。壇上伽藍は焼け跡のまま、奥の院も御廟のまわりに人気なく、橋は朽ちて参詣道は苔むす有様でした。度重なる再興計画が挫折するたび、八葉の峰からおびただしい数の木々が姿を消していきました。わずかに残った僧侶も山麓の天野に別所を構え、夏期の一時期だけ祖

※4 小松宮彰仁親王《こまつのみやあきひとしんのう》
仁孝天皇の猶子、親王宣下を受け純仁親王《じゅんにんしんのう》を号し、仁和寺第三十世の門跡に就任した、日本赤十字や高野山興隆会の総裁として尽力した

※5 祈親上人定誉《きしんしょうにんじょうよ》
六十歳になって高野山に登り、荒廃凄まじい状態から三十年をかけて復興に導いた中興の祖の筆頭、持経上人とも呼ばれる

山に住して漸く法燈を護る状態が二十年あまり続いていたのです。

まさに法燈が絶えようとする高野山を目の当たりにした祈親上人は、奥の院御廟前に至り恭しく礼拝した後、青々と生い茂る参道の苔を集めて「祖山が復興し、永遠に大師の法燈が栄えることが可能であれば、この苔に火を灯したまえ」と祈りを捧げて鑽火[※6]を打つと、不思議なことに、水をたっぷり含んだ青苔に忽ち鑽火が移り、力強く炎を上げたのでした。歓喜の涙が止まらない祈親上人は、光り輝く苔の聖火を奥の院燈籠堂に献燈し、これが後に貧女の一燈伝説[※7]の由来となったと伝えられています。

その後、聖火に勇気づけられた祈親上人は日本最古の造林記録といわれる高野山周辺の植林事業に着手するとともに、両壇周辺整備に邁進し、高野山は再び興隆の緒につくことができたのでした。めざましい祖山復興事業が進められるなか、春になると「倒指の藤」は見事な花をつけ、その芳香が御影堂を包んだに違いありません。

「登竜の藤」が歴史的な白藤の芳香を漂わせると、高野山にもみずみずしい若葉の季節がやってきます。

※6 鑽火《きりび》
古代から行われていた発火法のひとつで火打ち石と火打ち金とを打ち合わせて火をおこすこと

※7 貧女《ひんにょ》の一燈伝説《いっとうでんせつ》
消えずの燈籠《とうろう》として奥の院燈籠堂に伝わる最古の燈籠にまつわる伝説、和泉国坪井《いずみのくにつぼい》の孝女お照が自らの黒髪を売って養父母の供養のために寄進した一燈は嵐の風にも消えることはなかったが、天野の長《ちょう》者《じゃ》が寄進した一万を数える燈籠はすべて吹き消されたという内容で「貧女の一燈、長者の万《まん》燈《とう》」の例えとして知られている

総持院の藤

六《ろく》時《じ》の鐘《かね》

鮮やかな紅葉が敷かれた蛇腹道を歩いていると、暮れ六つを告げる六時の鐘の音が私の足を止めました。それは、何かがはじけるような力強さと、ゆったりとした拡がりを併せ持つ鐘の響きに、魂が揺さぶられるような強い衝撃を感じたからにほかなりません。

六時の鐘は元和四（一六一八）年春、戦国の世に翻弄され波瀾万丈の人生を歩んだ武将、福島正則《ふくしままさのり》候（一五六一～一六二四）が両親の追善菩提を祈って建立されたものです。正則は尾張国《おわりのくに》二ツ《ふたつ》寺《でら》（愛知県美和町）に生まれ、幼少より豊臣秀吉に仕えました。若干二十一才で臨んだ賤《しず》ケ《が》岳《たけ》の戦いでは「七本槍《しちほんやり》」の筆頭として活躍し、その後の数々の戦功により三十三才にして二十四万石を領する清洲《きよす》城主となります。秀吉没後は徳川家康に従い、関ケ原の合戦では先鋒をつとめた戦功により安芸、備後四十九万八千石を与えられ、安芸広島城を居城とする大名として広く名を知られました。

その後、大坂城の豊臣秀頼に忠誠を尽くしましたが、同じく豊臣家臣加藤清正らの死去により力を失い、一気に斜陽の運命へと転落します。豊臣家が滅亡すると豊臣系大名取りつぶし策のもと、広島城を無断で修築したことを口実に、元和五年（一六一九）芸備二国を没収されてしまいます。城を追われた正則は出家して信州川中島に蟄居《ちっきょ》していましたが、ほどなく信州上高井郡高山村にて六十四年の人生に不遇とも言える最後の幕を下ろしました。

正則は転落してゆく人生の無常を感じながら、広島城を追われる前年に高野山に六時の鐘を建立したのでした。六時の鐘は正則の死後、寛永七（一六四〇）年に焼失しましたが、子正利《まさとし》によって同十二（一六四五）年に再鋳されました。現在では午前六時から午後十時までの偶数時に十二回ずつ一日計百八回、時の鐘を祖山に広く響かせています。六時の鐘の響きが私の足を止めたのは、戦国波乱の世に翻弄された正則が自身の人生の無常を儚《はかな》んだ心の叫びだったのかもしれません。こうして過去四百年近くも祖山高野山に時を刻み続けている鐘の音は、あるときは力強く、あるときはやさしく人々の心に響きわたってきたのです。

その昔、厳しい戒律のなかで生活する年端もいかぬ修行僧にとって、力強く鐘を打つ音は、会うことすらままならない父の叱りの声に聞こえたことでしょう。心にしみる長くやさしい響きは、あかぎれとしもやけで腫れ上がった小さな手をさすってくれる母の笑顔を思い出させたに違いありません。

涙でかすむ両親の幻に、無心に合掌する小さな手にこぼれ落ちる涙のしずくは、凍てついた幼い心を次第に溶かしていきます。溶けていく小さな心と遠く離れた肉親の愛慕の心は一体化し、ひとときのささやかな安らぎが健気な体をやさしく包み込んだことでしょう。

多忙な生活に追われる現在でも、鐘の響きは過ぎ去った出来事への懐古の思いや、夕食の香りと共に、家庭の安らぎを思い起こさせます。

鐘の音に呼び起こされた涙や愛慕の思いは、続く鐘の音によって平穏な日々への願いや感謝の気持ちへと導かれていきます。導かれていくさまざまな願いと共に、六時の鐘は永遠に祖山に時を、そして人々の心に思いを刻み続けます。

第一九話　六時の鐘

六時の鐘

真然大徳廟《しんぜんだいとくびょう》

総本山金剛峯寺の後方、伝法院山《でんぽういんやま》中腹に、真然堂《しんぜんどう》と呼ばれる三間四面の端正な堂宇があります。御堂は高野山第二世と崇められる真然大徳の廟堂であり、その誉れ高い称号からは、弘法大師の後継者として金剛峯寺を委ねられたニューリーダーに漂う華やかな威厳を連想しがちですが、大徳の時代の高野山は貧困を窮めた危機的な状態が続いており、その経営は極度に厳しいものでした。

真然大徳は延暦二十三（八〇四）年、大師と同じく佐伯一族の白眉として讃岐国多度郡《さぬきのくにたどのこおり》で出生されました。叔父である弘法大師に師事し、その学徳と人徳は若くして高い評価を得ていましたが、大師十大弟子と称される偉大な高僧に随従する末弟的な存在でした。

承和二（八三五）年三月十五日、一週間後に御入定をひかえた弘法大師は諸弟子をあつめて遺戒《ゆいかい》を与えられました。そのなかで、東寺を弟子筆頭の実恵《じちえ》に譲ることをはじめ、高雄山、東大寺真言院、室尾山《むろおさん》等の重要な真言密教の拠点を諸弟子に託されたのち、高野山金剛峯寺座主として最も若い真然を指名されました。

※1 別当《べっとう》
東寺、東大寺、興福寺、四天王寺などの諸大寺で寺務を司る職

※2 西塔《さいとう》
弘法大師が描いた大伽藍の構想の中で、根本大塔とならんで重要な意義を持つ多宝塔、重要文化財である本尊大日如来は高野山に現存する本格的仏像としては最古のもの

弘法大師が朝廷に請願し、弘仁七（八一六）年に高野山を下賜されて以来、大伽藍を建立することは大師の念願でありましたが、東寺別当[※1]に任じられてからは世事に追われて思うように進展しませんでした。また、この建設事業は私寺としての建立であったため、国からの援助が皆無に等しかった上に、紀伊山地辺境の地という立地条件が工事をさらに遅らせる結果となりました。今思えば、大師が夢にみた大伽藍の尊容実現を、三十歳の若き末弟真然に託されたのは、大徳の学徳だけでなく、長期にわたるであろう難事業を成就するための若さと活力を評価されたに違いありません。

弘法大師御入定後、真然大徳は大伽藍建設に邁進しますが、やはり経済的窮状は免れませんでした。すでに完成していた堂宇は金堂と僧坊のみであり、建築中の大塔も竣工にはほど遠いという窮地を救ったのは頼れる兄弟子、東寺長者実恵でした。実恵は大師の遺命に従い、高野山の真然に対する経済的援助と教学面充実の助力に粉骨砕身された結果、承和十四（八四七）年に中門が落慶したのを機に、徐々に伽藍建設事業は活気を帯びてくるのでした。こうして貞観十二（八七〇）年の瑜祇塔落慶をはじめとし、西塔[※2]、真言堂[※3]、准胝堂[※4]、鐘楼[※5]、経蔵[※6]、食堂《じきどう》が次々と竣工し、ついに仁和三（八八七）年頃には大師念願の金剛峯寺大伽藍の尊容が七十年の月日を経て実現したのでした。その四年後、大徳は大願成就の感慨を胸に寛平三（八九一）年九月十一日、八十八歳で入寂されました。廟所には真然堂が建立され、

※3 真言堂
大師在世中の念誦堂を再建した堂宇、後の御影堂

※4 准胝堂《じゅんていどう》
本尊に準胝仏母像を奉安する、弘法大師にならってこの堂内で得度（出家の儀式）することが重視された

※5 鐘楼
後の大塔の鐘

※6 経蔵《きょうぞう》
国宝紺紙金泥一切経《こんしきんでいいっさいきょう》（中尊寺経）が収められていた経蔵、鳥羽天皇の皇后である美福門院の建立、供養料として荒川の庄を寄付されたため、荒川経蔵とも呼ばれる

現在の建物は寛永十七（一六四〇）年に再建されたものと伝えられています。

平成二年、真然大徳千百年御遠忌の中心事業として、老朽化が激しかった真然堂の解体保存修理が行われました。その際、御堂中央地下一メートルで緑釉四足壺[※7]に修められた舎利が発見され、真然大徳の遺骨と舎利器であると認められました。

舎利器《しゃりき》は全体に優雅なオリーブ色を呈する釉薬《ゆうやく》が施されており、ガラスのように上品な光沢を放っていました。本体表面に描かれている蔓葉紋《まんようもん》は器の流麗さをものがたっており、九世紀後半に尾張猿投《おわりさなげ》の窯で焼かれた国宝級の逸品であると認定されましたが、調査後、迷うことなく元通りに埋納したのは、筆舌に尽くしがたい御苦労の末に大師の念願であった大伽藍建設事業を成就された真然大徳に対する篤い信仰以外のなにものでもありませんでした。

気が早い紅葉の葉が微妙に赤みを帯びる頃、真然大徳の御遺徳を宣揚《せんよう》する伝燈国師忌[※8]が今年もまた厳修されます。

※7 緑釉四足壺《りょくゆうしそくこ》
若草色の釉薬《ゆうやく》が施され、四本の足を持つ壺、中国唐時代の青磁を意識して尾張国猿投《おわりのくにさなげ》の窯で焼かれたものとみられている

※8 伝燈国師《でんとうこくし》
昭和十五年に賜った真然大徳の諡号《おくりな》

真然大徳と真然御廟

高野山駅《こうやさんえき》

南海電鉄高野山駅は昭和五年六月二十九日にケーブルカーが開通して以来、数多の参拝者をお迎えしてまいりました。駅周辺は他に例をみない程の大自然に恵まれており、ケーブルカーの車窓からは永年の風雪に耐えたヒノキの巨木林をはじめ、四季折々の高山性植物が花をつけ、清楚な笑みを参拝者に投げかけます。難波駅から高野山駅までの南海電鉄株式会社の路線は高野大師鉄道株式会社を前身としており、その社名からも同路線がいかに大師信者の祖山参拝に貢献したかを伺い知ることができます。

大正七年、春まだ浅い四月に高野山を参拝された東京大学名誉教授藤島[※1]亥治郎先生が執筆された紀行文を拝見すると、徒歩で登山するため下車した高野口駅周辺の様子が記されています。

「平野の彼方に高野山付近の山脈が鋸《のこぎり》の歯の如き峯頂《ほうちょう》をならべて矗々《ちくちく》として曇天に聳立《しょうりつ》している。多年期待の山。高野山、高野山と心裡で呼ぶうち、汽車は早くも高野口に着いた。駅では私の前に頭の光る僧侶が一人降りていった。蓑《みの》、茣蓙《ござ》、金剛杖[※2]を持ち、中には数珠を繰りながら行く老人もあった。町では背に幾つとなく朱印のついた巡礼姿の群れが練って行った。

※1 藤島亥治郎《ふじしまがいじろう》
東京帝国大学工学部建築学科卒業後、建築学の第一人者として活躍された、高野山奥の院燈籠堂をはじめ、神社仏閣の建築も手がけられた、平成十四年百三才の天寿を全うされた日本を代表する建築学者

※2 金剛杖《こんごうづえ》
巡礼の際に使用する杖であり、遍路には特に神聖な道具として使用される、白木のものが一般的で上部は五輪塔の形に彫刻されている

それらの人に混じって私も次第に町を離れていった。」

　この文章から藤島先生の高野山登山への深い憧れを感じると共に、同時に駅に降り立った僧侶も金剛杖の老人も巡礼姿の団体も皆、先生と同じく高野山参拝に対する篤い信仰で充満していたことが容易に推察できます。この後、健脚でも半日、年輩者では一日を必要とする高野山への参拝に歩を進めていったのです。

　高野山の恵まれた大自然は祖山の四季を強烈に表現してくれます。高野山駅周辺はその地形のため谷を吹き上げてくる風が強く、自然の厳しさ、優しさ、爽快さを実感できる絶好の環境にあります。

　とりわけ夏の夕方にケーブルカー路線を押し上げられてくる涼風は格別で、やわらかい真綿のようなやさしさで疲れた体を撫でていきます。体の疲れを癒した涼風は体のなかをも通り抜け、心のなかのわだかまりや悩みも拭い去ってくれます。心身共に軽くなり、透明感に満ちた心は周りの大自然と一体に溶け込んで、弘法大師に抱かれて大師のみ心に触れることができたような安心感へと変わっていくのです。そんなとき、徒歩で登山さ

れた多くの参拝者と時代を超えて通じ合えた気がして何とも言えない嬉しい充実感さえ感じられます。

「多年期待の山、高野山」は今も昔も変わらず弘法大師と大自然を身近に感じることができる聖なる山であり、その尊厳さとやさしさは永久に失われることはありません。

めまぐるしくすべての物が変わっていく現在、時間さえも超越して安心を実感できる聖山で日頃の余分な荷物を下ろしてみると見失っていた自分を再確認できるかもしれません。

第二一話　高野山駅

女人堂《にょにんどう》

杉木立の中にひっそりと佇む女人堂は女人禁制であったころの霊峰高野山の象徴として今にその歴史を語り伝えています。高野山の女人禁制は明治五年に解かれましたが、それまでは高野七口と呼ばれる七つの入り口に遙拝する女性のための参籠所※1が設けられていました。現存する女人堂は不動坂口（京街道口）のもので、その清楚な佇まいからは篤い信仰を捧げた多くの女性の想いが感じられます。

女人堂は電車を利用して参拝される多くの皆様を、御堂の向かい側に安置されているお竹地蔵※2とともに温かくお迎えしておりますが、女人堂のすぐ前にお祀りされている小杉大明神の小祠に気づく方は少ないかもしれません。小杉大明神の御神体である御幣には「女人堂創祖《にょにんどうそうそ》小杉大明神《こすぎだいみょうじん》」とあり、小杉大明神が女人堂に深く携わっていたことがわかります。ここに連綿と語り伝えられている、女人禁制の時代に数奇な運命を辿った小杉という女性の物語があります。

文永年間、越後の国の本陣宿、紀伊国屋にそれは器量の良い小杉という娘がいました。ある日、小杉の作で自筆の「今日はここ明日はいづくか行

※1 参籠所《さんろうしょ》
瞑想したり、祈りを捧げたりするための参拝所

※2 お竹地蔵
延享二（一七四五）年に江戸飯田町の横山氏により建立された

くすえのしらぬ我身のおろそかなりけり」という句が書かれた小屛風が三《み》島郡《しまのこおり》出雲崎《いずもざき》代官職《だいかんしょく》植松親正《うえまつちかまさ》の目にとまったことがご縁で跡継《あとつぎ》の信房と結婚することになりましたが、これを妬んだ継母により小杉は不貞の疑いをかけられます。このことが厳格な父の逆鱗《げきりん》に触れ、父は小杉を山深い鳩が峯まで連れて行き、許しを請い合掌する娘の手首を切り落とし谷底に突き落としました。

弘法大師のご加護により小杉は一命を取り止め、熊の夫婦に助けられます。傷は癒えましたが両手を失った小杉は山姥のような姿で食べ物を求めて熊の夫婦と共に畑を荒らすことになります。これを征伐するため出向いた代官の跡継信房はそこで変わり果てた婚約者小杉と対面し、すぐさま婚礼の式をあげ、杉松という子供を授かります。

しかし幸せな生活も長くは続かず、またも継母の策略により信房と離ればなれになった小杉は不幸にも信州で山賊に襲われ、最愛の一子杉松をも失います。絶望の淵に立った小杉

は杉松の遺髪を納めに高野山に向かいますが女人禁制のため、入山を許されませんでした。小杉は我が子の行く末を案じて貯めておいたお金で女性のための参籠所を不動坂口に建て、自分と同じく弘法大師を慕って登山する女の人にやさしく接待する毎日を送ります。その後、小杉の建てた参籠所は女人堂と呼ばれるようになり、小杉が亡くなった後も信仰篤い女性の心が安らぐ御堂となりました。

人々に慕われ、愛され、連綿と語り伝えられてきた聖女小杉の魂は今も参詣者を温かく見守っています。

女人堂
女人堂

五《ご》の室《むろ》谷《だに》

女人堂の険しい坂を下ると緩やかな左カーブの先に、青空を支える柱の様な老杉が静かに現れます。半世紀以上も祖山高野山の清らかな水と爽やかな風に育まれてきたその杉は、今も休まず大地の水を大空まで汲み上げ続けています。

この老杉は五の室谷の中心に位置しており、古くにはこの杉のあたりから女人堂までを一心院谷《いっしんいんだに》、反対側の派出所までを五の室谷と区別していました。両谷は鎌倉時代、行勝上人《ぎょうしょうしょうにん》が開いてから栄えた谷であると伝えられています。五の室谷には高野山中興の祖である明算大徳[※1]の御廟所と伝えられる金輪塔《きんりんとう》や三代将軍家光によって建立された重要文化財の徳川家霊台なども位置し、篤い信仰により栄えてきた高野山の表玄関的な谷であるといえます。

五の室谷の名前は御室道助親王[※2]が開基した光台院《こうだいいん》境内に五つの庵室があったことに由来するとされています。平安の昔、嵯峨天皇[※3]が空海上人に絶大なる御信任をよせられて以来、多くの歴代天皇が高野山を御尊信《ごそんしん》されたことに随って皇族方からも篤い信仰が向けられました。なかでも御室道助

※1 明算大徳《めいざんだいとく》
平安時代後期の高僧、中興の祖祈親上人に師事し、学徳にすぐれる、高野山の主流である中院流を確立したことで知られる

※2 御室道助親王《おむろどうじょしんのう》
後鳥羽院の第二皇子、第八世仁和寺御室に補せられた後、高野山に隠居された、光台院御室・高野御室とも称された

※3 嵯峨天皇
桓武天皇の第二皇子、弘法大師の願いにより高野山を下賜した

法親王は五つの庵室を有する光台院を承久三（一二二一）年七月に創立され、その際に安置された快慶[※4]作の阿弥陀三尊《あみださんぞん》像は現在重要文化財に指定されている祖山重宝のひとつとして知られています。親王が一心に念仏三昧を修された弥陀三尊像には貴重な密教芸術としての魅力だけでなく、八百年近くの時の流れを篤い信仰と法流に護られてきた風格のような趣を感じないではいられません。

寛政の時代には六十一院を数えた高野山の表玄関である五の室谷にも不幸な出来事がありました。明治二十一年三月二十一日には五の室谷、千手《せんじゅ》院谷《いんだに》、小田原谷までを炎に包む大火を蒙り、幾多の重宝や貴重な堂宇が失われました。祖山の長い歴史には五の室谷に限らず、火災の不幸がつきまといましたが、その度に自らの命をかえりみず重宝を運び出し、堂宇を守ろうとする篤い信仰に充ちた人々の浄行により信仰の根源が護持されてきました。その信仰の根源に多くの人々の信仰の力が注がれ祖山が幾度となく復興を重ねてきたのは大師の御遺徳というほかありません。

小さな谷、五の室谷には長く篤い信仰の歴史と多くの出来事がありました。そしてそのすぐ側にはいつも一本の杉がありました。

信長軍が大挙して高野山を包囲した頃に根付いたこの杉の木は、若木の頃に度重なる秀吉公の御登嶺《ごとうれい》を目前でお迎えしました。天保五（一八三四）年、弘法大師御入定千年御遠忌《ごおんき》で賑わう五の室谷を微笑みながら見下ろし

※4 快慶《かいけい》
鎌倉時代に活躍した仏師で、運慶と並んで日本を代表する天才仏師として有名、この流派の仏師は名前に「慶」の字を用いるところから「慶派」と呼ばれる

た頃には三百年を超す大木となっていましたし、女人禁制が解かれた明治五年には信仰篤い女性参拝者をお迎えする日々を送りました。明治二十一年の五の室谷大火の際に大半の葉と幹を焦がしながらも枯死を免れた大杉は、傷ついた体で大火の復興を祈り続けました。大杉の祈りは大空に届き、大正十年に霊宝館開館、昭和五年にケーブルカーの開通、そして昭和七年に一山の本堂金堂再建落慶に続き、昭和十二年にはシンボルである根本大塔も落慶し、ほぼ現在と同じ高野山の荘厳な景観が完成したのです。

五の室谷の中心にある、青空を支える柱のような老杉の側に佇むと祖山の歴史の語り部のように多くの出来事と想いを伝えてくれます。

波切不動
五之室谷あたり大杉

高《こう》野《や》幹《かん》部《ぶ》交《こう》番《ばん》

高野山の中ほどに世界遺産にふさわしい交番があります。正式には橋本警察署高野幹部交番と呼ばれ、現在の建物は昭和八年に新築されたものです。

歴史を感じさせる建物からはモダンで落ち着いた雰囲気とやさしさと厳しさが感じられると同時に、竣工以来七十年間にわたり署員とともに祖山高野山に住まいする人々の生活を守ってきた堂々とした自信と貫禄がにじみ出ています。

子供の頃は警察と聞くとなにか怖いイメージがありました。近くを通るだけでもかわいく緊張したものです。子供心を客観的に分析できる年齢になったとき、あのときのイメージは叱られることに対する怖さであったことがわかりました。その感覚は父親や学校の先生、あるいは厳しい近所のお年寄りからも同様に感じられたものです。それは威厳のようなものであり、言葉を交わさなくても確実に感じることができる本能のようなものでした。

多くの父親がやさしくなったと聞いて久しい感があります。学校の先生も同様の傾向にあるようですし、近所の子供を叱るお年寄りはほとんどみられなくなりました。現代的と言われればそれまでですが、他人に対しての情や思いやりが希薄になってきているように思えてなりません。また、叱られることの少ない子供たちと言えば優等生でのびのびと成長していくように感じられますが、叱られることにより理解できることが多いのも事実です。

　現代社会が抱える重大な病ともいえる家庭内暴力や学校崩壊などの青少年問題は、親子や師弟の人間関係が希薄になったことに起因するといわれています。また、怖いもの知らずの子供たちが集団となり、エスカレートした大きな犯罪になることも珍しくありません。さらに、多くの

青少年が他人に意見されたときにキレる傾向にあるのも、子供時代から叱られた経験に乏しいことが一因として指摘されています。むやみに叱ることにメリットはありませんが、叱られる怖さと叱られた強さを持つことも必要なのかもしれません。

今、我々大人は子供たちに対して、常に高野幹部交番のようにやさしく落ち着いた威厳をそなえた存在でいることが求められています。

高野幹部交番

第二四話　高野幹部交番

光《こう》の滝《たき》

娘の七五三宮参りの後、久しぶりに光の滝に足を運びました。盛りを過ぎた紅葉を纏《まと》った滝は朝からの霧で包まれ、水墨画のような奥行きが感じられました。

観光客にはほとんど無名の光の滝は高野山では知らない者はなく、水量は少なくても夏でも決して枯れることのない滝は、名前に恥じない華麗な姿でみる者に清涼感を与えてくれます。

滝の上を通る高野山の街並みと極楽橋駅をつなぐ不動谷川線道路は、大伽藍の蛇腹道と同じく高野山を代表する紅葉の名所で、小さな尾根を越すたび新たに現れるダイナミックな原色の芸術は、みる者の心と言葉を奪い、ため息と充実感を与えてくれます。

紅葉は広葉樹が冬の支度を始める合図であり、葉にとってはその働きを終える最後の輝かしい晴れ舞台といえるでしょう。

紅葉の晴れ舞台は無数の葉が花の色のように鮮やかに輝く派手な演出ですが、新緑の頃に感じるいのちの息吹とは反対に寂しさやはかなさのようなものを感じることがあります。

人生に花を咲かせるとよく言われますが、人はその一生に幕を下ろすときに初めて自分の人生に咲いた花を知ることができるという話を師匠から聞いたことがあります。

壮年期に豪華な花を咲かせたと思っていても最後には寂しい花となっていたり、反対に豪華なはずの自分の花にいつまでも満足できずに不満を感じる方もあるかもしれません。一方、つつましやかな花であっても心から満足し、いとおしく思える花であれば自分にとっては世界中のどの花より綺麗で清らかであり、そんな貴重な花を自分のなかで育てることができた充実感と幸福感で心は一杯に満たされることでしょう。

私の祖父は息を引き取る前日に突然床に威儀《いぎ》を整え、「何も言うことはない、お世話になりました」と力強い口調でおっしゃいました。

起きることはおろか、しゃべることもままならないほど病気に蝕まれていた祖父のこの突然の行動を快方への兆しと解釈し、喜ぶ我々一人ひとりに祖父は涙で感謝の言葉を繰り返していました。

ひとしきり寺内のすべての者に丁寧すぎる感謝の気持ちを伝えた後、再び床に入った祖父は堅く眼を閉じて、指先で拍子をとりながら唇をかすかに動かし続けました。

「御詠歌[※1]ですか」と言う父の問いに目を閉じたまま二度三度と首を縦にゆっくり動かしたのをはっきりと覚えています。

次の日、祖父の堅く閉じた目は二度と開くことなく、祖父を心から愛する人々にみとられて息を引き取りました。

浄土への門出を自らの御詠歌で送るという、高野山の学道と金剛流の御詠歌に人生のすべてを捧げた祖父にふさわしい大往生でありました。

貧しくも心豊かな一生に幕を下ろしたとき、祖父の咲かせた人生の花は決して豪華なものではなかったかもしれませんが、見る者に温かさと安心をもたらす心やさしい花であり、そんな花を祖父は心から満足しているようでした。

行年《ぎょうねん》八十二歳、昭和五十年、祖山の春まだ遠い三月のことでありました。

※1 御詠歌《ごえいか》
和歌や韻文に和音階のメロディをつけてお唱えする仏教歌のことであり、高野山真言宗を中心とした金剛流や曹洞宗を中心とした梅花流などが有名

雨の不動谷川附近
重

苅萱堂《かるかやどう》

浄瑠璃「苅萱」や謡曲で広く知られている「苅萱道心《かるかやどうしん》と石童丸《いしどうまる》」の物語の舞台は、奥の院一の橋にほど近い密厳院《みつごんいん》境内に位置する苅萱堂でした。ここに八百年もの間、語り伝えられてきた父と子の慈愛に満ちた物語があります。

平安時代の末、九州の筑前、苅萱荘《かるかやのしょう》博多に加藤左衛門尉藤原繁氏《かとうさえもんのじょうふじわらのしげうじ》という領主がいました。繁氏には桂子《かつらこ》という美しい正妻の他に、千里《ちさと》という側室がありました。表面上では大変仲良く振る舞っていましたが、桂子の心の中は若くて美しい千里に対する嫉妬と憎悪であふれていました。

繁氏が二十一歳になったある日、憎悪心が頂点に達した桂子は千里暗殺を実行しますが、千里に仕える侍女の捨て身の計らいにより失敗に終わります。命拾いをした千里は播磨の大山寺《たいさんじ》に逃れ、その年の暮れに繁氏の子供を出産し、石童丸と名付けました。

自らの業により、二人の妻を不幸にしてしまったことを知った繁氏は、人知れず高野山の円慶上人《えんけいしょうにん》を頼って出家し、円空《えんくう》と名を改めて質素な茅葺きの小庵を結んで修行に励む日々を送るのでした。そのひたむきな姿と誠実な人格により、人々から苅萱道心と呼ばれ、慕われるようになりました。

数年が過ぎたころ、苅萱道心の噂を耳にした千里は繁氏ではないかという思いに突き動かされ、幼い石童丸の手を引いて高野山へと向かうのでした。長い道のりの末、高野山の麓、学文路《かむろ》に着いた千里は女人禁制の掟を知り、繁氏との再会の願いを石童丸に託すのでした。

高野山に入山した石童丸は数日をかけて苅萱道心を訪ね歩きますが、なかなか会うことができません。そんなある日、大師の思し召しか、奥の院御廟橋で偶然すれ違った父繁氏に石童丸は苅萱道心のことを尋ねるのでした。石童丸の身の上を聞いた繁氏は驚愕しますが、自分が苅萱道心であると名乗った上、求めている繁氏は昨秋亡くなったと虚偽を告げ、自らの素性を明かしませんでした。

石童丸は悲しみの涙を止めるすべなく、母の待つ学文路の宿へと下山しますが、待っていたのは長旅の疲れによる最愛の母、千里急死の知らせでした。父と巡り会えず、母にも旅立たれた絶望の淵で、少年の心に浮かんできたのは奥の院で巡り会った、どこか親しみのある苅萱道心の穏和な表情でした。石童丸は再度、苅萱道心を訪ねて師従を許され、道念《どうねん》と改名して僧侶の道を歩みはじめます。

苅萱道心円空と石童丸道念は、師匠と弟子として三十年あまりも苅萱堂でともに修行に励みましたが、生涯を通して親子の関係を明かすことはありませんでした。

晩年、円空は信州善光寺[※1]に修行の場を移し、我が子に対する思いを込めて地蔵菩薩を彫り上げた後、建保二（一二一四）年に入寂《にゅうじゃく》しました。その後、師匠円空の跡を追って信州に移った石童丸道念も、未だ見ぬ父の菩提を念じて同じく地蔵菩薩を彫り上げ、六十三歳の生涯に幕を下ろします。この二体の地蔵尊は「親子地蔵」と呼ばれ、石童丸物語とともに広く信仰をあつめ、語り伝えられてきました。

師匠として、子供以上の慈愛を弟子に注いだ苅萱道心円空と、親以上の信頼と安心を師匠から得た石童丸道念の純粋な思いは、苅萱堂とともに永遠に人々の心に生き続けることでしょう。

※1 信州善光寺《しんしゅうぜんこうじ》
長野県長野市にある名《めい》刹《さつ》寺院で創建は七世紀初めと伝えられる、古くから特定の宗派に属することなく宗派・時代を超えて信仰をあつめて「善光寺詣《もうで》」と呼ばれる独自の信仰的存在の立場を確立した

苅萱堂
南無大師遍照金剛
苅萱堂
重夫

高野槇《こうやまき》

関西では高野槇の切枝の束を持った人を見れば高野山参りの帰り道であることが容易に想像できます。古くから高野槇が仏前や墓前の供花として重宝されてきたのは、高野山の霊気に育まれた高野槇が尊霊《そんりょう》に大変喜ばれるお供えであるという信仰によるもので、いうなればご先祖さまに対する高野山参りの格別なお土産であります。

高野槇は不思議な植物です。まっすぐに伸び立つ幹と長円錐形の樹形をなし、その力強さと整った形から優良な造園樹としてヒマラヤシーダー、アロウカリアと並んで世界の三公園樹と称されていますが、一属一種の単独種であり、自生地は日本国内の一部に限られる日本でもなじみのうすい樹木のひとつです。また、高野槇は地域的極相[※1]をなす隔離分布の典型種であるため、小面積で群生することがありますが、高野山のように大面積で繁茂する純林は極めて希であり、その神秘的な生態に東洋の珍種といわれる由縁があります。

高野槇がそのささやかな居場所を高野山に見いだした不思議を思うとき、弘法大師が祖山に根本道場を定めたことを思い出さずにはいられません。

※1 地域的極相《ちいきてききょくそう》
小面積に限られた植物群落遷移の最終段階、ある地域の気候や土壌などの環境条件に最も適応し、長期にわたって安定した状態に達した植生を指す

※2 山川草木悉有仏性の教えどおり、高野槇のこころが大師を慕って祖山を終《つい》の棲家《すみか》としたように思われてなりません。それ故に祖山の霊気と大師のご遺徳が宿る高野槇はご先祖さまへの貴重な土産物とされてきたのです。

私の祖父をよく知る高野槇商のおばさんから、祖父は全国各地の縁故の人たちに高野槇を送る際には必ずおばさんの倉庫に出向き、一枝ずつ手に取って品を見定めたと聞きました。人との出会いや縁を人一倍大切にした祖父でありました。送り先の人たちの顔を思い浮かべながら、寒い倉庫で正座したまま時間をかけて高野槇の枝を選り分ける姿は祖父の人柄を象徴するものであったに違いありません。

以前、本稿で祖父の話を書かせていただいた後、多くの方からお便りをいただきました。主に金剛流御詠歌を通じて祖父を知る人からであり、入門時に指導いただいたという方や一緒に四国巡拝したという方からの有り難いお声でありました。また、現在、御詠歌の指導に東奔西走されている先生からは祖父の辞世の句を教授いただき、私の知らない祖父の一面に触れたような感覚とともに私と同じく多くの人の心の中に今も祖父は生き続けているという嬉しい事実を実

※2 山川草木悉有仏性《さんせんそうもくしつうぶっしょう》
山や川、草や木など、生きとし生けるものすべてに仏性があり、仏になることができるという仏教思想、天台本《てんだいほん》覚思想《がくしそう》の名で知られており、元三《がんざん》大師良源《りょうげん》によって大成されたと伝えられる

感したのであります。肉親やわが子の心の中にさえも生き続けることができない人が少なくない現在、死後三十年あまりを経た今でも多くの人の心の中に優しくも力強く生き続ける祖父を思うとき、その生きざまに深い共感をおぼえるのです。
高野槙に添えた祖父のささやかなまごころは、いまも多くの人の心に生き続けています。

金剛の道のしるべとなるからは
　朽ち果つるまでとなえあらまし　耕俊《こうしゅん》

しゃくなげ
こうやま
南無大師遍照金剛
南無大師遍照金剛
高野風物詩
槙の売店

町石道《ちょういしみち》

高野山に巡礼の道と呼ぶにふさわしいお詣り道があります。その道は九度山町《くどやまちょう》の慈尊院※1から高野山奥の院までの約二十kmにおよび、一町(約一〇九m)おきに二百十六基の卒塔婆石※2が配置されているため「町石道」と呼ばれています。町石は平安時代の古くから無数の参拝者を霊峰に導いてきた浄土への道しるべであるとともに、それぞれの仏をあらわす梵字※3と施主の名前が力強く優しい字体で刻まれた供養塔でもあります。

町石道の途中にはいくつかの名所があり、百三十六町石付近の六本杉と呼ばれる大杉並木をはじめ、百二十町石付近の二ツ鳥居、宿場として栄えた六十町石が位置する矢立《やたて》、五十五町石の先には弘法大師が袈裟《けさ》を掛けたという袈裟掛石、五十二町石付近には大師が火の雨から母を守るため持ち上げたという押し上げ石、二十七町石付近には表面が鏡のようになめらかで、石の上で真言を唱える者の願いを叶えるという鏡石などが道ばたの新緑や草花と共に、単調な長い道のりのアクセントとなって人々の疲れを癒す役目を果たしています。

現在のように交通機関が発達していない頃、遙かなる霊峰への道を徒歩

※1 慈尊院《じそんいん》
弘法大師の母君、玉依《たまより》御前《ごぜん》が入寂された寺、高野山麓九度山町に位置する

※2 卒塔婆石《そとばいし》
卒塔婆とは五輪塔の形をもとにした板や石柱に諸仏をあらわす梵字や名号《みょうごう》を記したもので、主に精霊の供養のために立てられる

※3 梵字《ぼんじ》
古代インドの言語、梵語《ぼんご》(サンスクリット語)の表記に用いられた文字を指す、悉曇《しったん》文字とも呼ばれる

で辿る参拝者は、一町おきに現れる町石という素朴な案内人に励まされ、勇気づけられたのです。

すべての町石に合掌し、弘法大師のみ心を感じて歩を進める参拝者は、俗世の罪が一町ごとに軽くなるのを実感しながら、浄土に近づいてゆく喜びに浸ることができたに違いありません。また、険しい道、平坦な道、緩慢な坂や尾根を越えるたび、その場面に当てはまる自分の人生を思い浮かべて感慨に耽《ふけ》った参拝者の姿が容易に想像できるのです。

悲喜こもごもの感情がともなう人生のそれぞれの場面には必ず町石がありました。崩れた土砂や覆い被さる草木の葉で容易には目につかない町石のように、時には見過ごしてしまうこともありますが、苦しいときにも楽しいときにも我々の周りのどこかで素朴な案内人は心の町石として我々を導いています。浄土の世界、幸福の世界へ我々を導いてくれる心の町石は弘法大師のみ心そのものであり、同行二人の信仰の意味もそこに生まれてくるのです。

めまぐるしくすべてが変わっていく現代社会に身を置く我々にとって、心の町石はなくてはならない存在となっていくでしょう。今、高速で流れていく時間に身を任せずに、じっくりと立ち止まって道端に目を向けてみようと思います。そうすれば今まで見過ごしていた心の町石が閉ざされていた希望の窓を開けてくれるかもしれません。

一人も人が通らなくても町石は永遠に人々を幸福の浄土へと導いていきます。

町石道

二《ふた》ツ《つ》鳥《とり》居《い》

「二ツ鳥居奇譚《きたん》」

ハルが歩んできた人生はお世辞にも恵まれたものとはいえませんでした。奉公先からお暇を出されてからはこれといった職もなく、近所の畑を手伝いながら納屋に住まわせてもらう生活が何年も続きました。それでも、大工の松吉と祝言をあげて長屋に所帯を持ち、小一郎を授かったときに、人並みの幸せを感じることができたのは、信仰心による御利益であるとハルは確信していました。

小一郎はすくすくと育ち、ハルと松吉からは想像がつかない明晰な頭脳と、誰からも好かれるやさしくものおじしない性分が天使のような印象を与えました。小一郎が八歳になる春、出稼ぎに出た松吉が行方知れずとなってからはハルの生き甲斐は小一郎だけになりました。生活は貧困を窮めましたが、小一郎のためにハルはよく働き、息子は母をよく助けました。

小一郎が十歳になった七月、「一生の願いだから高野山詣に連れて行っちゃくれないか。」と言い出したとき、ハルは不思議に思いながらも無理をして路銀を都合したのは、後から考えると大師の思し召しであったのかもしれません。最初で最後の母子の旅は高野山大門口の女人堂で一泊するだけの強行日程でありましたが、二人にとってはかけがえのない楽しい思い出でありました。

それから半年後の大晦日に、小一郎が流行病であっけなく他界したとき、ハルが死を決意したのも不思議はありませんでした。ささやかな弔いを済ませると、路銀も持たずに遺骨とともに長屋を出たハルの歩みは自然と高野山に向いていました。

もとより死出の旅路であったため、ハルは疲労も空腹も感じませんでした。空っぽになった体が動かなくなるまで歩くだけの旅には山道での日の暮れも関係ありませんでした。また、絶望だけが充満する心は、最愛の息子との思い出を辿る旅路にも涙さえ誘うことはありませんでした。

百二十町石のある天野《あまの》にほど近い場所にさしかかったとき、ハルの足はもはや先に進む力を失っていました。やっと人生の終点に着いた安堵感とともに、凍り付く地面に腰を下ろしたとき、目の前に二ツ鳥居が力強く立っていました。

二ツ鳥居は文字通り二基並んだ石造の鳥居で、弘仁十（八一九）年五月三日、弘法大師が丹生高野両明神[※1]を大伽藍に勧請された時に立てられたといわれています。慶安二（一六四九）年に花崗岩《かこうがん》製に立て替えられるまでは木造であり、しばしば山火事に罹災《りさい》していたことが知られています。通

※1 丹生高野両明神《にうこうやりょうみょうじん》　丹生都比売大神（丹生明神）と高野御子大神《たかのみこのおおかみ》（高野明神）のこと、一対で祭祀されることが多い

常、鳥居は参詣道をまたぐように立てられることが多く、複数が重なっているのをよく見ますが、二ツ鳥居は横一列に配置されている点で極めて珍しいといえます。

紀伊続風土記[※2]には高野山大伽藍にある丹生高野両明神の一の鳥居と記され、鳥居の額が天野側にかかっていることから天野神社の鳥居ではないことが強調されています。これは、すなわち二ツ鳥居の神秘性がその成立をめぐって時代を超えた議論を呼んできたことを示しているのです。

二ツ鳥居の脇で心身共に疲れ果てたハルは、朦朧《もうろう》とする意識の中で半年前にこの地に立った時のことを思い出しました。

初夏の日差しが降り注ぐ二ツ鳥居の間で行商人風の男が数人の参詣者に大演説をぶっていました。「こんな立ち方の鳥居をみたことがあるかい。今からこの鳥居の秘密を教えてやるわな。」

得意げな男はこの鳥居が天野神社を見下ろせる場所にあるが、天野の鳥居ではなく高野山の鳥居であること、鳥居を拝むときは高野山向きに拝まなければならないことなどを雄弁に語りました。小一郎が突然口を開いたのはそのときでした。

「おじさん、この鳥居は高野山と天野の両方に向いていると思うよ。」馬鹿にしたような目で見る男に小一郎は続けました。

「この参道はどこまでが高野山への参道で、どこまでが天野への参道なのか

※2 紀伊続風土記《きいしょくふどき》
幕府の命により和歌山藩が編纂した紀伊国の地誌、天保十（一八〇四）年完成

い。確かに私はこの道を高野山に向かっているが、そのあと同じ道を帰って天野に参るとき、どこからか天野への参道に変わるのかい。」たじろぐ男にさらに続けました。

「同じ道でも歩く人の気持ちによって意味も行き先も変わってくるんじゃあるまいか。」つぶらな瞳で訴える小一郎を回想するハルの心に突然不思議な思考が生まれました。

　小一郎がいない生活にも、生きる目的と活力を見いだすことができるのではないだろうか。余生のすべてを小一郎の供養に捧げながら人々のお役に立てるような生活ができるのではないだろうか。幸い、天野には肉親の供養のために髪を下ろした尼僧もいると聞く。気がつくとハルは動かないはずの足をひきずりながら天野の里へ続く八町坂を下りはじめていました。

　とっぷりと暮れた夜道の先に天野の里の明かりが見えました。小一郎が照らしてくれた箱提灯《はこちょうちん》の明かりに似ていると思ったとき、ハルの胸の底で何かがはじけ、大粒の涙があふれ出しました。

二ツ鳥居

祭海亭《さいかいてい》

私が初めて赤岸鎮※1の浜に立ったのは初夏の太陽が照りつける、むせかえるような午後のことでした。ずっと前から知っているような懐かしさと、やわらかな安堵感がこみ上げてきて、頭の中が透き通っていくような不思議な感覚につつまれたのを思い出します。

赤岸鎮は弘法大師が乗船した第十六次遣唐使船が、九死に一生を得て漂着した運命の地であり、現在その浜には大師入唐の地を示す「祭海亭」と呼ばれる東屋が建てられています。

延暦二十三（八〇四）年七月六日、肥前国田浦《ひぜんのくにたのうら》を出航した四艘《そう》からなる船団は、大海に出て二日目に暴風雨に見舞われます。外海の荒波には不向きな平底の木造船は木の葉のようにもまれ、四散を余儀なくされた船団は漂流を始めます。

大師はその嵐のすさまじさと漂流の孤独さを「※2福州の観察使に与うるの書」のなかで「暴雨帆を穿《うが》ち、戕風柁《しょうふうかじ》を折る。高波漢《かん》に沃《そそ》ぎ、短舟裔裔《たんしゅうえいえい》たり。（中略）浪に随って昇沈し、風に任せて南北す。ただ天水の碧色《へきしょく》のみを見る。（中略）波上に掣掣《せいせい》たること二月有余、水尽き人疲れて海長く陸遠し。」と

※1赤岸鎮《せきがんちん》
現在の中国福建省霞浦《かほ》県赤岸村《けんせきがんむら》、鎮は村の旧称

※2福州の観察使《かんざつし》に与うるの書
観察使とは中国唐時代中期以降に地方行政の監察《かんさつ》を任務として州ごとに配置された使職《ししょく》のひとつ、弘法大師が乗った遣唐船が漂着したとき、密航者の疑いをかけられて上陸の許可が下りず、困り果てた遣唐大使・藤原葛野麻呂《ふじわらのかどのまろ》の要請で空海が代筆し、福州の観察使閻済《えんさい》美《び》にあてて書いた上申書を指す、流麗な文体と端正な書体に驚いた

あらわされました。

　食料も水も尽き果て、絶望が充満した木造船の前方にかすんだ大陸があらわれたのは、陸地を離れてから三十四日目の八月十日のことでした。飢えと乾きで満足に動くことすらできない乗組員が累々と横たわる舳先で、ひとり力強く仁王立ちする留学僧の姿がありました。僧衣の内に燃えさかる希望の炎を秘めた、のちの弘法大師空海三十一才のお姿でした。

　昭和五十九年に厳修《ごんしゅ》された弘法大師御入定千百五十年御遠忌記念事業の筆頭として、大師が入唐求法《にっとうぐほう》された足跡を追体験する「空海・長安への道」訪中団が結成され、静《しずか》 慈円《じえん》先生を団長とする僧侶が派遣されました。その報告書は次のような書き出しで始まります。

「赤岸鎮。その浜におりたった五人の真言僧は泣いた。無理もない。彼らの宗祖であるばかりでなく、日本史が生んだ最大の天才といわれる弘法大師空海が、密教の真理と中国文化を学ぶために命をかけて入唐し、嵐にあいながらも漂着した場所に、千百八十年ぶりに日本人として立ったからだ。」

　五人の僧は砂浜で五体投地[※3]を捧げながら大師のご遺徳にひたることができたに違いありません。胸にあふれる法悦《ほうえつ》に感極まった涙は枯れることを忘れ、涙でかすんだ視界にはゆっくりと浜に近づく遣唐使船と若き大師の姿が映ったのではないでしょうか。

　もし、大師が入唐を果たせなかったら日本の仏教だけでなく、日本文化

観察使は直ちに大師一行を正式な国使と認めて国賓待遇でもてなした

※3 五体投地《ごたいとうち》
五体とは頭部と両手および両足を意味し、五体を地につける仏教の礼拝作法のひとつ

が何百年も遅れたに違いないといわれるほどその存在は偉大であります。その第一歩を記した赤岸鎮は大師漂着の地であり、この地で法を授かったわけでも中国文化を学んだわけでもありません。風に吹かれて着岸した偶然の地、赤岸鎮に学問的な意味はなくても、精神的な意味と計り知れない大師の思いが充満した聖地であることは間違いありません。

私が初めて赤岸鎮の砂浜に立ったとき、五人の真言僧と同じく五体投地を試みました。それは以前から心に決めていた憧れであり、ささやかな夢の実現でもありました。

砂漠のような熱い砂を肌で感じてゆっくりと顔を上げると、初夏の陽炎《かげろう》が漁船のマストを海草のように揺らしていました。

空《くう》海《かい》大《だい》師《し》紀《き》念《ねん》堂《どう》

僅《わず》かに八月の初日《そじつ》、乍《たちまち》に雲峯《うんぽう》を見て欣悦《きんえつ》極まり罔《な》し。赤子《せきし》の母を得たるに過ぎ、旱苗《かんびょう》の雨に遇《あ》えるに超えたり。（性霊集※1 巻第五）

延暦二十三（八〇四）年八月十日、三十四日間の漂流の後、九死に一生を得た遣唐船が赤岸鎮に流れ着いたとき、若き日の弘法大師が喜びと希望ではちきれそうな胸中をあらわされたのが冒頭のおことばであります。

帆は破れ、舵を失った遣唐船は紺碧の空と海だけを眺める日々を一ヶ月以上も過ごしたある日、絶望が充満した漂流船の目前に突如、霞がかかった山々が姿を見せたのでした。大師の欣悦は究極に達し、その気持ちは乳飲み子が見失った母親と再会した時よりも嬉しく、日照りにさらされて枯れかかった苗が恵みの雨を得た時よりも有り難かったとあらわされたのです。

おそらく大師のそれまでのご生涯には経験したことがなかったであろう究極の法悦と歓喜は、こみ上げる涙となって若き留学僧の頬をやさしく伝ったに違いないと思うのです。その計り知れない喜びと希望に満ちた感情を思うとき、大師にとって赤岸の地は特別な意味をもつ故郷のようなものであることが容易に推察できるのです。

※1 性霊集《しょうりょうしゅう》
高弟真済《しんぜい》により撰述された弘法大師の詩文集（全十巻）、正式には「遍《へん》照発揮性霊集《じょうはっきしょうりょうしゅう》」と呼ばれ、真言密教だけでなく仏教全体の教義を知る上で貴重な資料

このように我々末弟にとっても特別な意味をもつ赤岸鎮に、弘法大師のご遺徳を顕彰《けんしょう》し、日中友好の礎となる大師堂を建立して欲しいという話が正式に中国側から持ち出されたのは平成四年十一月のことでありました。それは昭和五十九年、弘法大師御入定千百五十年御遠忌大法会記念事業の筆頭として大師入唐の足跡をたどる「空海・長安への道」が実施され、静 慈円先生率いる調査団が大師入唐以来、日本人としてはじめて赤岸鎮の地を訪れてから行われてきた高野山との度重なる交流が実を結んだ結果にほかなりません。

その後、多くの皆様方のご理解とご協力を得て、平成六年五月二十一日、念願の空海大師紀念堂は落慶の吉祥を迎えることになりました。

当日は未明から降り出した雨もすっかり上がり、歴史的な一日を迎えるに充分な日差しが降り注ぐなか、百八十三名を数える訪中団は空海大師紀念堂にて盛大に落慶法会を厳修したのであります。

落慶当日、地元小学生や関係者の熱烈な歓迎もさることながら、歴史的な慶事を一目見ようと集まった四千人近くの群衆が取り巻く様は圧巻としか言いようがありませんでした。それはまさに空海大師紀念堂の本義である大師のご遺徳を顕彰し、日中友好の発展に寄与するという目的が見事に開花した瞬間でありました。

　延暦二十三（八〇四）年、九死に一生を得て漂着した赤岸鎮に大師が残された熱い思いと足跡は、千二百年の時を経た今も、訪れた人々に当時の法悦と歓喜を伝えています。

第三一話　空海大師紀念堂

恵果空海紀念堂《けいかくうかいきねんどう》

若き日の弘法大師空海上人と、恵果和尚※1が初めて会ったのは延暦二十四（八〇五）年六月初旬のことでした。密教史上、最も貴重とされる二人の出会いは、神仏の導きによる必然性に満ちた運命的なものでありました。

空海上人が九死に一生を得て入唐された時、中国では唐の徳宗皇帝《とくそうこうてい》により篤く保護された密教が全盛期を迎えていました。なかでも善無畏※2系の大《だい》日経《にちきょう》をよりどころとする密教と、金剛智※3、不空※4系の金剛頂経《こんごうちょうぎょう》をよりどころとする密教の二系統を兼ね備え、正統密教の第七祖として仰がれていたのが長安※5青龍寺の恵果和尚でした。当時、和尚のもとには密教の伝承を志す弟子が世界中から集まり、その数は一千人を超えていたと伝えられています。

大師は当時の状況を「虚《むな》しく往《ゆ》いて実《み》ちて帰り、近きより遠きより光を尋ねて集会することを得たり。（恵果和尚碑文）」とあらわされました。唐本国だけでなく、西域、新羅《しらぎ》、遠くはインドやタイから集結する多くの弟子たちをみると、和尚の学徳と人格がいかに優れていたかを知ることができます。空海上人もまた、身命《しんめい》を賭《と》して「虚しく往いて実ちて帰る」ひと

※1恵果和尚《けいかかしょう》
弘法大師の師匠である中国の僧侶、真言密教の第七祖（七番目の継承者）

※2善無畏《ぜんむい》
真言密教の第五祖であるインドの僧侶、根本経典のひとつ大日経を中国に伝えた

※3金剛智《こんごうち》
真言密教の第三祖にあたるインドの僧侶、根本経典のひとつ金剛頂経の翻訳に尽力した

※4不空《ふくう》
金剛智三蔵の弟子であるインドの僧侶、真言密教の第四祖、師匠遷化ののち、第二祖である龍智阿闍梨《りゅうちあじゃり》のもとで奥義を伝授された

りでありました。
空海上人が初めて恵果和尚にお会いしたとき、「我《われ》、先《さき》より汝《なんじ》の来《きた》るを知《し》り、待《ま》つこと久《ひさ》し。今日《きょう》、相見《あいみ》る大《おお》いに好《よ》し、大《おお》いに好《よ》し。報命《ほうめい》まさに尽《つ》きなんとするに付法《ふほう》するに人無《ひとな》し。必《かなら》ず須《すべから》く速《すみ》やかに香供《こうけ》を弁《べん》じて灌頂壇※6に入《はい》るべし。(御請来目録)※7」とおっしゃいました。自らの入滅を予期しながらも、密教の法統を授ける人材を探し続けていた和尚は、空海上人と出会った瞬間、運命を確信したといわれます。

その後、恵果和尚は空海上人に密教のすべての教法を伝授するとともに、学法胎蔵灌頂《がくほうたいぞうかんじょう》、金剛界灌頂《こんごうかいかんじょう》、伝法阿闍梨位灌頂《でんぽうあじゃりいかんじょう》を授け、同年八月には遍照《へんじょう》金剛という灌頂名《かんじょうめい》を与えられました。それはインドより伝えられた正統の密教が、三国伝来の法統を成立した瞬間でありました。

さらに、自らの入滅が迫っていることを知った和尚は「わずかに汝の来れるを見て命の足らざるを恐れぬ。今すなわち授法あるなり。経像《きょうぞう》の功《こう》も終わりぬ。早く郷国《きょうこく》に帰りて国家に奉り、天下に流布《るふ》して蒼生《そうせい》の福を増せ。しからば四海泰《しかいやす》く万民《ばんみん》楽しまん。(御請来目録)」と空海上人に早く帰国し、密教の布教伝道による衆生救済を命じるのでした。

ここに良き師、良き弟子の授法は完遂《かんすい》し、同年十二月十五日、自ら予期されたとおり、恵果和尚は寂然《じゃくぜん》として入滅されました。ときに恵果和尚六十歳、空海上人三十一歳、運命的な出会いからわずか六ヶ月あまりのこと

※5 長安青龍寺《ちょうあんしょうりゅうじ》
唐時代に長安城新昌坊《しんしょうぼう》の東南隅にあった密教寺院、恵果和尚が大興《だいこう》善寺《ぜんじ》で不空に師事した後、入山した(七六六)寺院、唐時代末に起こった廃仏運動により廃寺となり、恵果空海記念堂が建立されるまでは青龍寺址《あと》という遺跡として知られていた

※6 灌頂壇《かんじょうだん》
真言密教の重要な儀式である潅頂を行うための壇

※7 御請来目録《ごしょうらいもくろく》
弘法大師が大同元(八〇六)年に唐から帰朝の際に持ち帰った書物や法具などを嵯峨天皇に奏進《ほうしん》した目録、請来とは、教えを求めて外国に留学した僧が経典や仏具を持ち帰ること

でありました。

恵果和尚と空海上人が出会い、互いの人格を讃えながら密教相承《みっきょうそうじょう》の日々を過ごした青龍寺は遺跡としてその痕跡だけを残していましたが、昭和五十九年、弘法大師千百五十年御遠忌記念事業の筆頭として恵果空海紀念堂が建設され、堂内には恵果和尚と弘法大師の両尊像が安置されました。

二人の高僧が出会って以来、千二百年の歳月を経た今も、西安市《せいあんし》南東部の小高い丘に位置する恵果空海紀念堂は、良き師、良き弟子の熱く固い絆を感じさせてくれます。

新・高野百景を描くにあたって

藤原重夫

大阪府南部の和泉市に生を受け、和歌山県境に聳《そび》える和泉山脈とともに生を育んできました。よく晴れた日に眼前に迫る和泉山脈は、言葉では言い表せない気高さと威厳に満ちた姿で私の意識に語りかけてきます。また、絵を描くことを生業《なりわい》としてからは和泉山脈だけでなく、その二〇キロメートル後方に位置する高野山から感じられる強烈な影響を忘れたことはありません。

高野山は標高千メートル級の峯々に囲まれた聖地であり、そこには約三千人もの人々が住まいする一大宗教都市の歴史が刻まれてきました。現在も総本山金剛峯寺を中心とした寺院群や大伽藍など、歴史的建造物でありながら現在も生き続けている信仰的存在価値の宝庫であります。世界遺産登録も相まって弘法大師の祖廟「奥の院」には、大師を慕う老若男女の列が絶えることがありません。

ところが参拝者のほとんどが奥の院と金剛峯寺を訪れる程度で高野山を理解したような錯覚に陥っていると言っても過言ではありません。本来、高野山のすべてを見て回るだけでも何日間も必要ですし、本当の高野山の魅力は四季折々の風景であり、参道脇の目立たない石仏であり、霊気に育まれた大自然であります。本当の高野山の姿を認識してもらえない現象を私はいつも残念に思っていました。

そんな中で「新・高野百景」を絵と文で構成するという企画がもちあがり、私に描くようにとの依頼がありました。私は仏画なども手がけるため、高野山で得度をし、法名（祐寛）をいただいております。また、総本山金剛峯寺が発行する機関誌「高野山教報」や小冊子「生かせいのち」などの挿絵やカットを描いてきました。

この「新・高野百景」をお引き受けするにあたって、いわゆる〝絵葉書的な風景〟ではなく、〝新たな高野山を発見！〟という視点から、普通の観光では見過ごしてしまう場面を描くように心がけてきました。

山内八十ヶ所以上あるという堂塔寺院や宿坊の個性的な出で立ちはもちろんのこと、人々の生活や行事など、悉有仏性《しつうぶっしょう》萬物（ことごとく仏性あり）といわれる高野山のすべてに宿る神や仏のいのちが四季の移り変わりと共に調和する様子を描くことができればと願っています。そのため、一部の作品を除くほとんどが現場の太陽の光や風、雨、雪、音までも肌で感じながらスケッチしたものであり、絵から大自然のいのちと高野山の歴史を感じていただけると信じています。

そして、決して十分とはいえない私の作品の表現力に力を貸していただけるのが、この企画の発案者である当時の総本山金剛峯寺企画室課長、現在の霊宝館課長で学芸員でもあられる山口文章師の解説文であります。山口師の文は私の想像力を引き出し、創作意欲をかきたててくれます。しかも歴史に裏打ちされた豊富な知識と情感あふれる表現の文があってこそ、私の絵が生かされていると実感しています。

これからも誠心誠意に弘法大師さまや神仏の御加護をいただきながら描き続けていくことにより、ひとりでも多くの人が本来の高野山の姿といのちを認識していただけることを願ってやみません。

合掌

あとがき

山口文章

縁とは不思議なものです。

私の拙稿が初めて「平成の高野百景」として掲載されたのは、「高野山教報」平成十二年九月一日号でした。当時、私は総本山企画室課長として、高野山真言宗が発行部数三万部を誇る機関紙「高野山教報」の編集に携わっており、「お大師さまからの手紙」をキャッチフレーズに、高野山と全国の読者の皆様をつなぐ紙面の充実に邁進しておりました。そんななかで生まれた企画が「平成の高野百景」でした。

高野山の様々な場所にスポットを当て、やさしいタッチの絵と文章で解説するとともに、著者の信仰心が読者に伝わるようなエッセイ的要素を含む構成は「お大師さまからの手紙」にふさわしい企画であると確信したのを覚えています。

当時から全国的に活躍されておられた藤原重夫先生に絵の揮毫をお願いし、執筆は高野山に関係する各方面で活躍されている多くの皆様にお願いすることとしましたが、この企画が意図する文章のタッチと構成のモデルとして、私が書かせて頂いたのが「町石道」と「大門」でした。

最初の二話が掲載される間に次の執筆者をお願いしようとしていた矢先、藤原先生が私の執筆継続を希望していることを知りました。しかし、執筆者を固定することは当初の企画とは異なる上、エッセイ要素の維持が困難であることは明白であったため、当初の企画を変更することは全く考えませんでした。

そんなある日、私は大伽藍山王院で我が子の七五三宮参りを終え、諸堂を巡拝している途中、御影堂の前で偶然、藤原先生とお会いした際、私に「平成の高野百景」の執筆を正式に依頼されたのでした。浅学非才の身には到底お受けできない重責と困惑する私の眼前にはぬけるような秋空と、さわやかな風に揺れる三鈷の松がありました。

それから早六年の月日が流れ、その間、高野山教報毎月一日号に、藤原先生と二人三脚でひたすら書き続けてきた「平成の高野百景」は、すでに五十編を超えました。

高野山の不思議な魅力にあふれた様々な場所を紹介することにより、読者の皆様と高野山のご縁が深まればと一意専心に拙文を綴ってきたつもりですが、近頃では私と藤原先生、そして読者の皆様とのご縁が一遍ごとに深まっていくのをありがたく感じています。

本書を通して、さらに多くの皆様が高野山を身近に感じていただき、あたたかいご縁が拡がっていくことを願ってやみません。

最後になりましたが、本書を出版する機会を与えてくださった株式会社教育評論社ならびに株式会社スリーシーズン、日頃から高野山教報の紙面編集に涙ぐましいご尽力を賜っております、総本山金剛峯寺企画室内高野山教報社ならびに高野山出版社、大阪ＰＲ協会の皆様に心より御礼申し上げます。

平成十八年六月十五日

八葉の峯々に新緑の風薫る日に

参考文献

新居祐政「新居祐政布教著作全集」全二巻高野山出版社　平成十年
石倉重継「高野山名所図絵」博文館　明治三十七年
井上龍雄「山寺閑談」「続山寺閑談」高野山出版社　昭和五十二年
大山公淳他「高野山」社会思想社　昭和三十八年
小川由一「紀伊植物史（Ⅰ）」紀伊植物史刊行会編井上書店　昭和四十八年
小川由一「紀伊植物史（Ⅱ）高野山の植物」紀伊植物史刊行会編　井上書店　昭和五十二年
加納諸平「紀伊國名所図絵」全四巻歴史図書社　昭和四十五年
元興寺文化財研究所考古学研究室
「高野山発掘調査　報告書ー奥の院・宝性院跡・東塔跡・大門ー」元興寺文化財研究所　昭和五十七年
北尾清一「歴史を歩く　伊都・橋本の郷土史かるた」大和出版社　昭和六十二年
高野山教報社「高野山昔ばなし」総本山金剛峯寺　昭和五十六年
高野山金剛峯寺記念大法会事務局
「高野山千百年史」日進舎　大正三年
高野山大学密教研究会
「明治・大正時代を中心とする高野山の研究」高野山大学　昭和十一年
財団法人高野山文化財保存会
「金剛峯寺真然廟」便利堂　平成二年
斎藤昭俊「弘法大師伝説集」全三巻仏教民俗学会　昭和四十九年
佐和隆研「高野山」便利堂　昭和二十二年
佐和隆研他「高野山」保育社　昭和五十九年
静　慈圓他「空海・長安への道」弘法大師御入定千百五十年御遠忌記念「空海・長安への道」実行委員会　昭和六十年
静　慈圓「空海入唐の道　現代中国に甦る巡礼道を行く」朱鷺書房　平成十五年

下中邦彦　「和歌山県の地名」平凡社　昭和五十八年
仁井田好古他「紀伊続風土記」全五巻歴史図書社　昭和四十五年
日野西眞定「金剛峯寺修正会の「御兒（聖なる童子）」の存在と教団組織」佐藤隆賢博士古稀記念論文集　平成十年
日野西眞定「野山名霊集」名著出版　昭和五十四年
日野西眞定「高野春秋編年輯録」名著出版　昭和五十七年
日野西眞定「高野山古絵図集成」清栄社　昭和五十八年
日野西眞定「高野山民俗史［奥の院編］」佼成出版社　平成二年
日野西眞定他「高野山四季の祈り　伝灯の年中行事」佼成出版社　平成七年
日野西眞定「金剛峯寺の年中行事　特に御衣替について」皇學館大學神道研究所紀要第一四輯　平成十年
藤島亥治郎「高野山紀行　よみがえる八十年前の高野山」生かせいのち十七号高野山真言宗参与会　平成十年
毎日新聞和歌山支局
　「高校風土記　高野山高校編」毎日新聞和歌山支局　昭和五十四年
水原堯榮「神秘の霊峯高野山の傳説」小堀南岳堂　昭和三年
密教文化研究所弘法大師著作研究会
　「定本弘法大師全集」全十一巻高野山大学密教文化研究所　平成四年
宮崎恵仁「高野山よもやま記」「仏の基礎知識」高野山霊宝館ＨＰ　http://www.reihokan.or.jp/
村上保壽他「高野への道」高野山出版社　平成十三年
山口耕榮「高野山僧伝聞書（近・現代編）」報恩院　昭和五十六年
山口耕榮「続真言宗年表」うしお書店　平成十三年
山口耕榮「高野山事相小辞典」報恩院　平成十七年

著者紹介

八浄寺画匠法眼位
藤原重夫（ふじわら　しげお・法名　祐寛）
一九四〇年、和泉市に生まれる。
元日本南画院理事、京都墨彩画壇審査員で、大阪府文化財愛護推進委員、和泉市文化財保護委員を務める。素朴で味わい深い画風でひろく支持され、個展開催は二十回を数える。作家賞、文化賞、文芸賞、院賞、会長賞、よみうりテレビ賞、大阪市教委賞、橋村賞、楯彦賞をはじめとする多数の受賞作を生み出す。主な作品は、高野山真言宗・総本山金剛峯寺をはじめとする高野山内寺院、淡路島八浄寺、大峯山寺、河内弘川寺、大阪府庁、大江山鬼博物館などに収蔵されている。

山口文章（やまぐち　ぶんしょう）

一九六一年、高野山に生まれる。

京都府立大学農学部林学科、同大学院農学研究科林学専攻博士課程を経て一九八九年、大阪市株式会社大一商店林業部入社。

一九九三年、高野山真言宗・総本山金剛峯寺奉職、その後、企画室課長、教学部講社課長、山林部山林課長として勤務。

二〇〇三年より財団法人高野山文化財保存会・高野山霊宝館課長として勤務、現在に至る。

博物館学芸員。

高野山報恩院副住職

新・高野百景
二〇〇六年七月三一日　第一刷発行
二〇〇八年一月二五日　第二刷発行

画　藤原重夫
著者　山口文章
発行者　阿部黄瀬
発行所　株式会社教育評論社
〒一〇三―〇〇〇一　東京都中央区日本橋小伝馬町二―五　FKビル
TEL〇三―三六六四―五八五一
FAX〇三―三六六四―五八一六
http://www.kyohyo.co.jp

デザイン　平山貴文
編集　株式会社スリーシーズン
印刷製本　広研印刷株式会社

ISBN 978-4-905706-06-9 C0026